쓰담
쓰담
내신영문법

2

장재영

유명 어학원과 영어학원에서 강의하면서 강사, 부원장, 원장을 역임.

(전) 리딩스타어학원 디렉터
(전) 청담어학원 원장
(전) 아발론교육 원장
(현) 고려대학교 국제어학원 영어교육프로그램 TiE 원장
특목고 진로 컨설팅
저서 「제대로 영작문」 시리즈

내신영문법 2

지은이 장재영
펴낸이 정규도
펴낸곳 (주)다락원

초판 1쇄 발행 2017년 1월 5일
초판 3쇄 발행 2021년 3월 18일

편집 김민주, 김미경
디자인 구수정
영문 감수 Michael A. Putlack
삽화 박하
조판 블랙엔화이트

다락원 경기도 파주시 문발로 211
내용문의 (02)736-2031 내선 502
구입문의 (02)736-2031 내선 250~252

Fax (02)732-2037
출판등록 1977년 9월 16일 제406-2008-000007호

Copyright © 2017 장재영

값 11,000원

ISBN 978-89-277-0796-7 54740
      978-89-277-0794-3 54740(set)

http://www.darakwon.co.kr

다락원 홈페이지를 방문하시면 상세한 출판정보와 함께
동영상강좌, MP3 자료 등 다양한 어학 정보를 얻으실 수 있습니다.

쓰담쓰담
내신영문법

2

이 책의 구성과 특징

핵심만 간추린 중요 문법 사항으로 문법의 기초를 다지고
서술형 위주로 엄선한 최신 기출 응용 문제로 내신 시험에 대비합니다.

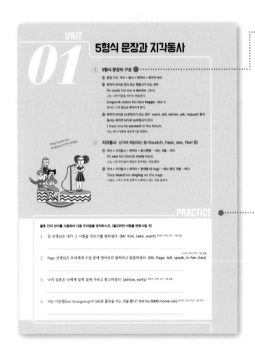

핵심 문법 사항

중2 수준에서 반드시 알아야 할 중요 문법 사항들의 핵
심만 간추려 정리했습니다.

PRACTICE

간단한 문장을 영작하면서 위에서 학습한
문법 사항을 점검해 봅니다.

연습문제는 모두 기출 응용 문제로 구성되어 있습니다.

NOW **REAL TEST** ❶
기출 응용 문제

8~10문항으로 구성된 최신 기출 응용 문제로
중학 내신 시험의 출제 경향을 파악할 수 있습니다.

서술형 문제 위주로 구성되어 있어,
학생들이 어려워하는 서술형 문제에
대비할 수 있습니다.

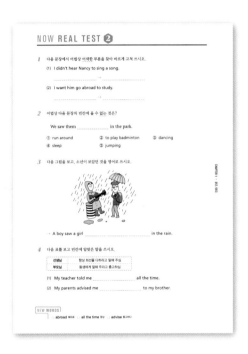

NOW **REAL TEST** ❷
실전 예상 문제

3~6문항으로 구성된 실전 예상 문제로 내신 시험에
본격적으로 대비합니다.

서술형 문제 위주로 구성되어 있어, 학생들이
어려워하는 서술형 문제에 대비할 수 있습니다.

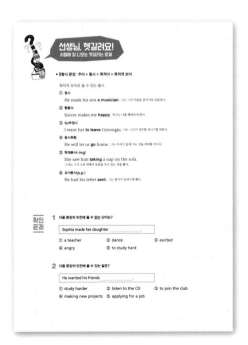

선생님, 헷갈려요!
시험에 잘 나오는 헷갈리는 문제

학생들이 잘 모르거나 헷갈려 하는 문법 사항, 구동사,
관용 표현 등을 짚고 넘어가는 코너입니다.

특히 시험에 잘 나오는 항목으로 엄선하여 내신 시험에
효과적으로 대비합니다.

차례

Chapter

1

5형식 문장

5형식 문장과 지각동사

1 **5형식 문장의 구성**

① 문장 구조: 주어 + 동사 + 목적어 + 목적격 보어

② 목적격 보어로 명사 또는 형용사가 오는 경우

He made his son **a doctor**. (명사)
그는 그의 아들을 의사로 만들었다.

Jongseok makes his fans **happy**. (형용사)
종석은 그의 팬들을 행복하게 한다.

③ 목적격 보어로 to부정사가 오는 경우: want, tell, advise, ask, request 등의 동사는 목적격 보어로 to부정사가 온다.

I want you **to succeed** in the future.
나는 네가 미래에 성공하기를 원한다.

They heard her
singing on the stage.

2 **지각동사** 감각에 해당되는 동사(watch, hear, see, feel 등)

① 주어 + 지각동사 + 목적어 + 동사원형: ~하는 것을 …하다

He **saw** his friends **study** hard.
그는 그의 친구들이 열심히 공부하는 것을 봤다.

② 주어 + 지각동사 + 목적어 + 현재분사(-ing): ~하는 중인 것을 …하다

They **heard** her **singing** on the stage.
그들은 그녀가 무대 위에서 노래하고 있는 것을 들었다.

PRACTICE

괄호 안의 단어를 사용하여 다음 우리말을 영작하시오. (필요하면 어형을 변화시킬 것)

1 김 선생님은 내가 그 시험을 치르기를 원하셨다. (Mr. Kim, take, want) 한영중 2학년 최근 기출 응용

_____

지산중 2학년 최근 기출 응용
2 Page 선생님은 우리에게 수업 중에 영어로만 말하라고 말씀하셨다. (Ms. Page, tell, speak, in her class)

_____

3 나의 삼촌은 나에게 일찍 집에 가라고 충고하셨다. (advise, early) 중동중 2학년 최근 기출 응용

_____

4 너는 이승엽(Lee Seungyeop)이 600호 홈런을 치는 것을 봤니? (hit his 600th home run) 율현중 2학년 최근 기출 응용

_____

NOW **REAL TEST** ①

1   다음 문장의 빈칸에 어법상 올 수 있는 말을 모두 고르시오. 명인중 2학년 최근 기출 응용

Can you see my friends _____ on the street?

① shouting
② sing
③ to make noise
④ eat hamburgers
⑤ to help the poor

2   주어진 단어를 사용하여 다음 문장을 영작하시오. 동원중 2학년 최근 기출 응용

나는 그에게 Becky를 도와주라고 말했다. (tell)

→ _____

[3-6] 다음 우리말에 맞게 빈칸에 알맞은 말을 쓰시오. (빈칸에 들어갈 단어의 수는 두 개일 수도 있음)

3   나는 누군가 나의 이름을 부르고 있는 것을 들었다. 신서중 2학년 최근 기출 응용

I _____ someone _____ my name.

4   나는 Jane이 나의 생일 파티에 오기를 원한다. 상록중 2학년 최근 기출 응용

I _____ Jane _____ to my birthday party.

5   우리는 그 원숭이가 그 나무에 올라가는 것을 봤다. 부원여중 2학년 최근 기출 응용

We _____ the monkey _____ the tree.

6   몇몇 학생들은 그 교수님에게 좋은 점수를 달라고 부탁했다. 서일중 2학년 최근 기출 응용

Several students _____ the professor _____ them good grades.

NEW WORDS

☐ **shout** 소리치다   ☐ **make noise** 떠들다   ☐ **professor** 교수   ☐ **grade** 점수

7 주어진 우리말을 〈조건〉에 맞게 완벽한 영어 문장으로 쓰시오. _{부원여중 2학년 최근 기출 응용}

그 팬들은 AOA가 더 자주 공연하기를 원했다.

〈조건 1〉 to부정사를 사용할 것

〈조건 2〉 want, perform, more often을 사용할 것

〈조건 3〉 총 8개의 단어로 문장을 만들 것

→ _____

8 다음 중 어법상 옳은 문장은? _{봉영여중 2학년 최근 기출 응용}

① Julia watched her boyfriend to dance with Sally.

② John felt someone pushes his back.

③ James heard a bird sings on the branch.

④ Jessie smelled something burning in the kitchen.

⑤ Jack saw an old lady goes to the hospital.

9 다음 멤버들 중 어법상 틀리게 말한 사람은? _{방배중 2학년 최근 기출 응용}

① 재석: I heard you make some noise in the office.

② 명수: I want Jaeseok to be the second most popular member.

③ 준하: Some people want me to be wicked.

④ 하하: I watched a man to go to the house.

⑤ 광희: My brother told me to be the main person in this program.

10 다음은 사랑이가 아빠와 보낸 날 있었던 일의 목록이다. 어법에 맞게 빈칸을 채우시오. (단, 빈칸에 들어갈 단어의 수는 하나가 아닐 수도 있음) _{보성중 2학년 최근 기출 응용}

• 아빠가 인형을 사 주기 원함

• 아빠가 노래하는 것을 들었음

(1) Sarang wanted her dad _____ a doll for her.

(2) Sarang heard her dad _____ a song to her.

NOW REAL TEST ❷

1 다음 문장에서 어법상 어색한 부분을 찾아 바르게 고쳐 쓰시오.

(1) I didn't hear Nancy to sing a song.

_____ → _____

(2) I want him go abroad to study.

_____ → _____

2 어법상 다음 문장의 빈칸에 올 수 없는 것은?

We saw them _____ in the park.

① run around   ② to play badminton   ③ dancing
④ sleep   ⑤ jumping

3 다음 그림을 보고, 소년이 보았던 것을 영어로 쓰시오.

→ A boy saw a girl _____ _____ _____ in the rain.

4 다음 표를 보고 빈칸에 알맞은 말을 쓰시오.

선생님	항상 최선을 다하라고 말해 주심
부모님	동생에게 잘해 주라고 충고하심

(1) My teacher told me _____ all the time.

(2) My parents advised me _____ to my brother.

NEW WORDS

☐ **abroad** 해외로   ☐ **all the time** 항상   ☐ **advise** 충고하다

UNIT 02 사역동사

1. **사역동사의 의미** ~하게 하다[시키다]

2. **동사원형을 목적격 보어로 취하는 사역동사** let, make, have

   Her mom **let** her **watch** the movie.
   그녀의 엄마는 그녀에게 영화를 **보도록 허락**하셨다.

   Jessica **made** Paul **keep** his promise.
   Jessica는 Paul에게 약속을 **지키게 했다**.

   She **had** him **clean** the room.
   그녀는 그에게 그 방을 **청소하게 했다**.

He had his
watch repaired.

3. **help + 목적어 + 동사원형/to부정사** ~가 …하는 것을 돕다

   He **helped** the old man **(to) sit** down.
   그는 그 할아버지가 **앉으시도록 도왔다**.

   The company **helps** many orphans **(to) get** an education every year.
   그 회사는 매년 많은 고아들이 교육을 **받도록 돕는다**.

4. **get + 목적어(사람) + to부정사** ~가 …하게 하다 *동사원형은 올 수 없음

   She **got** him **to go** there. 그녀는 그가 거기에 **가게 했다**.

   Henry **got** her **cook** by herself. (×) (cook → to cook)
   Henry는 그녀가 혼자 힘으로 **요리하게 했다**.

5. **목적어가 사물일 때** 과거분사(p.p.) 사용

   He **had his watch repaired**. 그는 그의 시계를 **고치게 했다**.
   (시계가 사물이라 직접 행할 수 없으므로 수동의 의미로 p.p. 사용)

PRACTICE

괄호 안의 단어를 사용하여 다음 우리말을 영작하시오. (필요하면 어형을 변화시킬 것)

1 우리 과학 선생님은 우리에게 숙제를 하도록 시키셨다. (make, do, our homework) 대영중 2학년 최근 기출 응용

   _____

   대림중 2학년 최근 기출 응용
2 엄마는 내가 저녁 9시 이후에 기타를 치는 것을 허락하지 않으신다. (mom, let, guitar, after 9 p.m.)

   _____

3 그의 슬픈 러브스토리가 나를 울게 했다. (make, sad, love story, cry) 국사봉중 2학년 최근 기출 응용

   _____

4 아빠는 내가 컴퓨터 게임을 하는 것을 절대 허락하지 않으신다. (dad, never, let) 인주중 2학년 최근 기출 응용

   _____

NOW **REAL TEST** ❶

구산중 2학년 최근 기출 응용

1 다음 그림을 보고, 주어진 단어를 사용하여 여자의 행동을 묘사하는 문장을 <u>과거 시제</u>로 완성하시오.

(have, line up)

→ The teacher _____ the girls _____ in front of the restroom.

삼선중 2학년 최근 기출 응용

2 다음 우리말과 일치하도록 빈칸을 채우시오.

그녀는 아들이 텐트 안에서 자게 허락했다.

→ She _____ her _____ _____ in the tent.

선덕중 2학년 최근 기출 응용

3 내용의 흐름상 빈칸에 알맞은 말을 어법에 맞게 쓰시오.

My father always wants me to study hard. One day, I was watching TV. He suddenly turned off the TV, and he _____ me do my homework.

석촌중 2학년 최근 기출 응용

4 다음은 'advantage'의 영영풀이이다. 주어진 단어를 어법에 맞도록 <u>두 가지</u>의 형태로 쓰시오.

• **advantage:** something that may help you _____ (do) better than other people

→ _____ / _____

NEW WORDS

☐ **line up** 줄을 서다   ☐ **suddenly** 갑자기   ☐ **turn off** 전원을 끄다

5 다음 중 빈칸에 들어갈 수 <u>없는</u> 것은? 태랑중 2학년 최근 기출 응용

The woman ＿＿＿＿＿＿＿＿ the man make some soup for her.

① made ② got ③ helped
④ let ⑤ had

6 다음 중 빈칸에 알맞은 말을 <u>모두</u> 고르시오. 한영중 2학년 최근 기출 응용

He ＿＿＿＿＿＿＿＿ me ask Jane about her hobbies.

① wanted ② got ③ advised
④ let ⑤ helped

7 다음 중 어법상 <u>틀린</u> 문장은? 무원중 2학년 최근 기출 응용

① She made him clean the room. ② They helped her to stand up.
③ Somebody let me sit here. ④ I will get him love me.
⑤ He had his bike fixed.

8 다음 〈보기〉 중에서 의미상으로나 어법상 빈칸에 들어갈 수 있는 말은 몇 개인가? 동암중 2학년 최근 기출 응용

〈보기〉 let   had   helped   got   made   wanted

My mom ＿＿＿＿＿＿＿＿ me to do my homework before dinner.

① 1개 ② 2개 ③ 3개 ④ 4개 ⑤ 없음

9 다음 중 어법상 바르지 <u>않은</u> 것은? 선화여중 2학년 최근 기출 응용

① He had me do the dishes.
② My father doesn't let me read comic books.
③ She makes me study hard every day.
④ He got me to wash his car.
⑤ Did he make her to send an email?

NOW REAL TEST ②

1 다음은 보경이가 쓴 문장들이다. 어법상 틀린 부분을 모두 찾아 고쳐서 전체 내용을 다시 쓰시오.

> I like fast food. My mom lets me to eat it only once a month. She doesn't want me to eat unhealthy food. She makes me having healthy meals. I understand her.

→ _____

_____

2 다음은 준기가 쓴 문장들이다. 어법상 틀린 부분을 모두 찾아 고쳐서 전체 내용을 다시 쓰시오.

> I like Mina. I will make her laughing when she is with me. I want her to be happy with me. I will get her visit many beautiful places.

→ _____

_____

3 다음은 용필이의 부모님이 외출하실 때 용필이에게 시키신 일의 목록이다. 내용에 맞게 문장을 완성하시오. (단, 필요하면 단어의 형태를 바꾸어야 하며, 용필이가 말하는 입장으로 답할 것)

- 여동생이 저녁 먹고 양치질 하게 하기
- 방과 후에 자전거 수리 되게 하기

(1) I made _____ after dinner. (brush her teeth)

(2) I had my bike _____ after school. (repair)

4 다음 빈칸에 쓸 수 있는 단어를 모두 고르시오.

> We _____ him to carry the heavy boxes.

① got   ② had   ③ let
④ helped   ⑤ made

NEW WORDS

☐ **unhealthy** 건강에 좋지 않은 ☐ **healthy** 건강에 좋은 ☐ **meal** 식사 ☐ **repair** 수리하다

- **5형식 문장: 주어 + 동사 + 목적어 + 목적격 보어**

목적격 보어로 올 수 있는 품사

① 명사

He made his son **a musician**. 그는 그의 아들을 음악가로 만들었다.

② 형용사

Soccer makes me **happy**. 축구는 나를 행복하게 한다.

③ to부정사

I want her **to leave** Gyeongju. 나는 그녀가 경주를 떠나기를 원한다.

④ 동사원형

He will let us **go** home. 그는 우리가 집에 가는 것을 허락할 것이다.

⑤ 현재분사(-ing)

She saw him **taking** a nap on the sofa.
그녀는 그가 소파 위에서 낮잠을 자고 있는 것을 봤다.

⑥ 과거분사(p.p.)

He had his letter **sent**. 그는 편지가 보내지게 했다.

확인 문제

1 다음 문장의 빈칸에 올 수 <u>없는</u> 단어는?

> Sophia made her daughter _____.

① a teacher   ② dance   ③ excited

④ angry   ⑤ to study hard

2 다음 문장의 빈칸에 올 수 있는 말은?

> He wanted his friends _____.

① study harder   ② listen to the CD   ③ to join the club

④ making new projects   ⑤ applying for a job

Chapter

2

to부정사와 동명사

to 부정사

1 to부정사의 명사적 용법

① 주어 역할: ~하는 것은
To make good movies is very difficult. (만드는 것은)

② 목적어 역할: ~하는 것을
I decided **to go** abroad this winter. (가는 것을)

③ 주격 보어 역할: ~하는 것(이다)
My dream is **to have** three cars. (가지는 것)

④ 목적격 보어 역할(5형식 문장): 주어 + 동사 + 목적어 + 목적격 보어(to부정사)
She wanted Simon **to help** her with her homework.

⑤ 의문사 + to부정사 = 의문사 + 주어 + should + 동사원형
I don't know **what to do.** = I don't know **what I should do.**

2 to부정사의 형용사적 용법

'~할, ~하는'으로 해석하며, 뒤에서 앞의 명사를 수식하고 전치사를 동반하기도 한다.
I bought some books **to read.** (읽을 몇 권의 책)
I need a pen **to write with.** (write with a pen)

3 to부정사의 부사적 용법

① 감정의 원인(~해서): Nice **to meet** you.
② 목적(~하기 위해): I exercise hard **to lose** weight.
③ 결과(결과적으로 ~한): She grew up **to be** a pianist.
④ 판단의 근거(~하는 것을 보니): He is kind **to help** the poor.
⑤ 정도(~하기에는): This box is too heavy **to carry** by myself.

My dream is to have three cars.

PRACTICE

괄호 안의 단어를 사용하여 다음 우리말을 영작하시오.

1 내 꿈 중 하나는 엑소(Exo)를 보는 것이다. **(to, dreams)** 보성중 2학년 최근 기출 응용

_____

천천중 2학년 최근 기출 응용

2 엄마는 내가 민호(Minho)에게 사과 편지를 쓸 것을 요구했다. **(ask, to, a, letter of apology)**

_____

3 그는 앉을 의자가 하나 필요했다. **(needed, sit, to)** 부원여중 2학년 최근 기출 응용

_____

4 서로를 알기 위해 게임을 하자. **(let's, one another, get to know)** 원미중 2학년 최근 기출 응용

_____

NOW REAL TEST ①

1 다음 우리말에 맞게 빈칸 ⓐ와 ⓑ에 알맞은 말을 쓰시오. 내동중 2학년 최근 기출 응용

- 나는 그녀를 보기 위해 도서관에 갈 것이다.
  = I will go to the library ⓐ _____ her.
- 나는 그 소식을 들어서 매우 행복하다.
  = I am so happy ⓑ _____ the news.

2 밑줄 친 to부정사의 용법이 〈보기〉와 같은 것은? 난곡중 2학년 최근 기출 응용

〈보기〉 We learn English <u>to succeed</u> in the future.

① I will go to the sea <u>to fish</u>.
② She needs a pen <u>to write</u> with.
③ Many people want <u>to have</u> a lot of money.
④ <u>To study</u> hard is very hard to me.
⑤ I like <u>to listen</u> to classical music.

3 다음 중 밑줄 친 to부정사의 용법이 나머지 넷과 다른 하나는? 개봉중 2학년 최근 기출 응용

① He studies very hard <u>to pass</u> the exam.
② I am very happy <u>to see</u> you again.
③ I really want <u>to swim</u> in the sea.
④ I have to exercise hard <u>to lose</u> weight.
⑤ Many students do their homework on weekdays <u>to play</u> on weekends.

4 주어진 우리말과 같은 뜻이 되도록 괄호 안의 단어를 활용하여 문장을 완성하시오. 봉서중 2학년 최근 기출 응용

(1) 마실 따뜻한 것 좀 드릴까요?

→ Would you like something _____ ? (hot, drink)

(2) 그녀는 자기를 도와줄 많은 친구들이 있다.

→ She has many friends _____ her. (help)

NEW WORDS

☐ **succeed** 성공하다   ☐ **lose weight** 체중을 줄이다   ☐ **weekday** 평일

5
ⓐ There are many chairs to sit on. / I bought some comic books to read. (   )
ⓑ Nice to meet you, Mr. Lee. / I decided to help her. (   )

6
ⓐ He is very stupid to believe such a thing. / I like to eat chicken. (   )
ⓑ I exercise to keep in shape. / I will go home to get some rest. (   )

[7-8] 다음 우리말에 맞게 주어진 단어를 바르게 배열하여 문장을 완성하시오.

7 나는 나의 재능으로 가난한 아이들을 도울 수 있어서 매우 행복하다. 오주중 2학년 최근 기출 응용

(happy, very, I, with my talents, poor children, help, am, to)

_____

8 그 의사는 그녀를 치료하기 위해 최선을 다했다. 신목중 2학년 최근 기출 응용

(the doctor, to, cure, did, his best, her)

_____

9 공유의 꿈은 영화배우가 되는 것이다. 다음 대화의 빈칸에 알맞은 말을 쓰시오. 수원중 2학년 최근 기출 응용

준영   What do you want to be in the future?
공유   _____ a movie star.

10 괄호 안의 단어를 활용하여 다음 우리말을 영작하시오. 신남중 2학년 최근 기출 응용

나는 내 꿈을 성취하기 위해 최선을 다할 것이다. (achieve, do, best, my)

→ I will _____ .

NEW WORDS
☐ **decide** 결심하다 ☐ **keep in shape** 몸매를 유지하다 ☐ **take a rest** 쉬다 ☐ **talent** 재능
☐ **achieve** 성취하다, 이루다

NOW REAL TEST ❷

[1-2] 다음 우리말을 두 가지 표현으로 영작할 때, 빈칸에 알맞은 말을 써서 문장을 완성하시오.

1 그들은 어디로 가야 할지 몰랐다.

→ They didn't know where _____ .

They didn't know where _____ .

2 Sally는 그 파티에서 무엇을 입어야 할지 결정했다.

→ Sally decided what _____ at the party.

Sally decided what _____ at the party.

[3-4] to부정사를 사용하여 다음 두 문장을 한 문장으로 만드시오.

3 Lee Young was very pleased. He got a present from Laon.

→ _____

4 He must be smart. He solved the difficult problem.

→ _____

5 다음 중 to부정사의 쓰임이 <u>다른</u> 하나는?

① His dream is to live in New York.

② To make spaghetti is very easy.

③ I want to win the contest.

④ I have something to tell you.

⑤ I don't know when to start.

NEW WORDS

□ **pleased** 기쁜, 흡족한

It ~ to 구문, 동명사

1 가주어, 진주어, 의미상 주어

① 가주어 it, 진주어 to부정사: 진주어가 길 경우 뒤로 보내고 가주어 it을 주어로 한다.

To climb this mountain is very dangerous.

→ **It** is very dangerous **to climb** this mountain.

② 의미상 주어: 의미적으로 주어인 경우

for + 목적격: 일반적으로 쓰는 의미상 주어

It's very easy **for him** to swim in the river.

그가 강에서 수영하는 것은 매우 쉽다.

of + 목적격: 사람의 성품, 성격 등을 나타내는 형용사가 나올 경우

It's very nice **of him** to give me something delicious.

2 동명사 동사원형 + -ing ('~하는 것'이라고 해석함)

① 쓰임

주어(~하는 것은)

Living without water is impossible. *3인칭 단수 취급

목적어(~하는 것을)

I enjoy **playing** soccer.

보어(~하는 것이다)

My hobby is **climbing** high mountains.

② 동명사의 부정: not[never] + -ing

Not doing your homework is your fault.

③ 동명사만을 목적어로 취하는 동사: 주로 미래의 계획이나 약속 등이 아닌, 현재 하고 있는 일을 나타내는 동사들이 해당된다. (enjoy, avoid, finish, give up, keep, practice, mind, deny, imagine, put off, delay, postpone)

They finished **washing** their cars.

It is very dangerous to climb this mountain.

PRACTICE

괄호 안의 단어를 사용하여 다음 우리말을 영작하시오.

1 채소를 기르는 것은 너의 건강에 좋다. (growing, vegetables, for) 지산중 2학년 최근 기출 응용

_____

2 나는 강아지를 산책시키는 것을 좋아한다. (walking, my puppy) 중동중 2학년 최근 기출 응용

_____

3 네가 그 비싼 가방을 사는 것은 쉽지 않다. (it, easy) 광진중 2학년 최근 기출 응용

_____

4 그녀가 너에게 스카프를 만들어 주는 것은 매우 친절하다. (it, kind, make, you, a scarf)

_____

NOW REAL TEST ①

1 다음 문장에서 어법상 어색한 부분은? 고척중 2학년 최근 기출 응용

① It was very nice ② for ③ him ④ to volunteer ⑤ to do such hard work.

2 주어진 단어를 사용하여 다음 우리말을 13단어 내외로 영작하시오. 검암중 2학년 최근 기출 응용

너무 많은 아이스크림을 먹는 것은 너의 건강에 좋지 않다. (it, ice cream, too much)

→ _____

3 다음 주어진 단어를 바르게 배열하여 완전한 문장으로 만드시오. 호계중 2학년 최근 기출 응용

(hard, it, to, was, for, repair, this copy machine, me, without, any tools)

→ _____

4 다음 글을 읽고, 주어진 우리말과 조건에 맞게 글에 이어질 문장을 쓰시오. 연성중 2학년 최근 기출 응용

Today, I went to the library as usual. I really enjoy staying in the library.

_____

(그곳에서 역사책들을 읽는 것은 내가 가장 좋아하는 일이다.)

〈조건 1〉 반드시 동명사를 주어로 사용할 것
〈조건 2〉 '가장 좋아하는 일'이라는 표현으로 favorite thing을 사용할 것

한천중 2학년 최근 기출 응용

5 다음 대화의 밑줄 친 우리말을 주어진 단어를 사용하여 완전한 영어 문장으로 옮기시오.

지은   You look worried. What's wrong?

기하   내일까지 두 곡의 새로운 노래를 만드는 건 매우 힘들어. (by tomorrow)

→ _____

NEW WORDS

☐ **volunteer** 자원봉사를 하다   ☐ **copy machine** 복사기   ☐ **tool** 도구   ☐ **as usual** 평소처럼   ☐ **by** ~까지

6 주어진 단어를 활용하여 다음 우리말을 완전한 영어 문장으로 옮기시오. _{영파여중 2학년 최근 기출 응용}

그는 이메일 보내는 것을 끝냈나요? (finish, send, emails)

→ _____

7 다음 중 어법에 맞지 <u>않는</u> 곳 <u>2개</u>를 찾아 바르게 고쳐 쓰시오. _{상동중 2학년 최근 기출 응용}

My hobby is painting. Painting pictures are fun. I enjoy paint pictures of children in the park.

_____ → _____

_____ → _____

8 다음 글을 읽고, 주어진 단어를 사용하여 유정(Yujeong)에게 해당하는 문장을 완성하시오. (반드시 동명사를 포함할 것) _{부일중 2학년 최근 기출 응용}

Bogeom's hobby is taking pictures of his friends. Hyeri enjoys listening to music. Yujeong likes playing badminton. But she is not good at playing badminton.

→ _____ for Yujeong. (difficult)

9 대화의 내용에 맞게 빈칸에 알맞은 말을 쓰시오. (빈칸 하나에 한 단어만 쓸 것) _{송원중 2학년 최근 기출 응용}

Dongwon	What do you do in your free time?
Ain	I play the piano. What about you?
Dongwon	I like playing soccer. Jinuk, what do you do in your free time?
Jinuk	In my free time, I watch movies.

(1) Dongwon's hobby is _____ _____ .

(2) Jinuk enjoys _____ _____ in his free time.

NEW WORDS
☐ **paint** 그리다   ☐ **free time** 여가 시간

NOW REAL TEST ❷

[1–2] 주어진 문장을 '가주어 – 진주어' 문장으로 바꾸시오.

1   To visit national museums is fun.

→ _____

2   To finish it by Sunday is very important for me.

→ _____

3   다음 우리말과 같은 뜻이 되도록 주어진 단어를 활용하여 문장을 완성하시오.

      Cristiano Ronaldo는 아들과 축구 하는 것을 즐긴다.
      (enjoy, play, soccer)

→ _____

4   다음 문장에서 어법상 어색한 부분을 바르게 고쳐서 문장 전체를 다시 쓰시오.

      She gave up to travel to Spain because of her health problem.

→ _____

5   다음 중 어법상 틀린 문장을 모두 고르시오.

   ① It was very unlucky for John to get such a low grade.

   ② James avoids to play soccer because he can't run fast.

   ③ Taking care of children are very difficult.

   ④ I love eating pizza.

   ⑤ Sending messages late at night is not polite.

NEW WORDS

☐ **national** 국립의   ☐ **give up** 포기하다   ☐ **travel** 여행을 가다   ☐ **unlucky** 불행한   ☐ **avoid** 피하다   ☐ **polite** 예의 바른

● **to**부정사의 또 다른 용법들

too ~ to ...
너무 ~해서 ···할 수 없는 (= so ~ that + 주어 + can't[couldn't] + 동사원형)
She is **too** weak **to** carry the heavy box.
= She is **so** weak **that** she **can't** carry the heavy box.

enough ~ to ...
···하기에 충분히 ~한 (= so ~ that + 주어 + can[could] + 동사원형)
Kevin is smart **enough to** solve the problem.
= Kevin is **so** smart **that** he **can** solve the problem.

● 시험에 잘 나오는 동명사의 숙어 표현

go -ing: ~하러 가다
Tom and his father **went fishing** last weekend.

be good/poor at -ing: ~을 잘하다/못하다
Patrick **is good at** writing stories.

feel like -ing: ~하고 싶다
I **feel like eating** some cookies.

look forward to -ing: ~을 고대하다
Sally is **looking forward to having** dinner with her boyfriend.

be used to -ing: ~하는 데 익숙하다
He **is used to having** sandwiches for lunch.

be worth -ing: ~할 만한 가치가 있다
This report **is worth reading** carefully.

be busy -ing: ~하느라 바쁘다
My sister **is busy studying** for her exams.

What[How] about -ing ~?: ~하는 게 어때?
What about going to the movies?

spend + 시간/돈 + -ing: ~하느라 시간/돈을 소비하다
My younger sister **spends her free time painting**.

cannot help -ing: ~하지 않을 수 없다
I **can't help being** nervous about the race.

Chapter

3

관계대명사

UNIT 05 관계대명사 who, which

1 선행사

관계대명사 앞에 위치한 명사(관계대명사가 이끄는 절이 꾸며 줌)

2 주격 관계대명사

선행사가 관계대명사절의 주어 역할(선행사에 수 일치)

① 사람: I have **a friend. He** lives in Germany.
  → I have a friend **who lives** in Germany. 나는 독일에 사는 친구가 있다.

② 사물[동물, 물건]: She gave me **a cup of tea. It** was refreshing.
  → She gave me a cup of tea **which was** refreshing.
  그녀는 나에게 활력을 북돋워 주는 차를 한 잔 주었다.

3 목적격 관계대명사 선행사가 관계대명사절의 목적어 역할

① 사람: Jenny knows the boy **who(m)** Jane likes.
  Jenny는 Jane이 좋아하는 남자애를 안다. (선행사 the boy가 Jane likes의 목적어)

② 사물: The computer **which** I bought yesterday is broken.
  내가 어제 산 컴퓨터가 고장 났다. (선행사 The computer가 I bought의 목적어)

4 소유격 관계대명사 선행사가 관계대명사절의 소유격 역할

① 사람: I have a friend. **His** father is a famous composer.
  → I have a friend **whose** father is a famous composer.
  나는 (그의) 아버지가 유명한 작곡가인 친구가 있다.

② 사물: I have **a car. Its** color is yellow.
  → I have a car **whose** color is yellow.
  나는 (그것의) 색이 노란색인 차가 있다.

She gave me a cup of tea which was refreshing.

PRACTICE

관계대명사 who, whom 또는 which를 사용하여 다음 두 문장을 한 문장으로 만드시오.

1 This is the library. It is open 24 hours a day. 원미중 2학년 최근 기출 응용

_____

2 I have some friends. They live in Sweden. 오금중 2학년 최근 기출 응용

_____

3 He always asks questions. The questions are difficult to answer. 북서울중 2학년 최근 기출 응용

_____

4 I know the boy. Jane met him yesterday. 대치중 2학년 최근 기출 응용

_____

NOW REAL TEST ①

1 우리말과 같은 의미가 되도록 주어진 단어를 사용하여 빈칸을 완성하시오. _{매원중 2학년 최근 기출 응용}

이것은 내가 이틀 전에 산 모자이다. (bought, the, hat, which)

→ This is _____ two days ago.

2 다음 빈칸에 알맞은 말은? _{덕산중 2학년 최근 기출 응용}

I saw a movie _____ was very funny.

① what   ② who   ③ if

④ where   ⑤ which

3 다음 두 문장을 한 문장으로 바르게 바꾼 것은? _{해운대여중 2학년 최근 기출 응용}

This is a house. Noel bought it last week.

① This is a house Noel bought it last week.

② This is a house which bought Noel last week.

③ This is a house where Noel bought it last week.

④ This is a house which Noel bought last week.

⑤ This is what a house Noel bought last week.

_{신정중 2학년 최근 기출 응용}

4 그림 속 인물을 묘사하는 문장을 완성하시오. (주어진 단어를 포함하고, 관계대명사와 현재진행형을 사용할 것)

(1) There is a girl _____. (ride)

(2) There are two boys _____. (play)

5 다음 빈칸에 알맞은 말은? 동백중 2학년 최근 기출 응용

An optical illusion is an image _____ tricks your eyes.

① what   ② which   ③ who

④ it   ⑤ they

6 일산동중 2학년 최근 기출 응용
관계대명사를 사용하여 다음 두 문장을 한 문장으로 만드시오. (who, whom, which 중 적절한 것을 쓸 것)

She bought a new cell phone. I like her new cell phone.

→ _____

7 다음 중 두 개의 문장을 골라 의미가 통하도록 한 문장으로 만드시오.
(관계대명사 who, which, whom, whose 중 하나를 반드시 사용할 것) 포항여중 2학년 최근 기출 응용

Bora is reading the book. / I love the chair. / Its legs are very thick.

→ _____

8 적절한 관계대명사를 사용하여 다음 두 문장을 한 문장으로 만드시오. 상도중 2학년 최근 기출 응용

The dog is mine. It is wearing a blue collar.

→ _____

9 다음 빈칸에 알맞은 말이 차례대로 짝지어진 것은? 사직여중 2학년 최근 기출 응용

• The boy _____ is very good at singing is my cousin.
• I have a classmate _____ father's name is Bill Gates.

① whom – who   ② who – whose   ③ who – whom

④ whose – who   ⑤ who – who

NEW WORDS

☐ **optical illusion** 착시   ☐ **trick** 속이다   ☐ **cell phone** 휴대전화   ☐ **collar** (개의 목에 거는) 목걸이
☐ **classmate** 같은 반 학생

1 〈보기〉에서 적절한 관계대명사를 사용하여 다음 두 문장을 한 문장으로 만드시오.

〈보기〉 who   which   whose   whom

(1) There was a big tree in my hometown. It was in front of my house.

→ _____

(2) I bought a cheap bike. Its color is blue.

→ _____

(3) This is the guy. My sister likes him.

→ _____

2 다음 중 어법상 <u>틀린</u> 문장은?

① The picture which you drew yesterday was great.
② There is a car around the corner whose color is red.
③ I was born in a small town which was surrounded by mountains.
④ A bear which head was very big appeared in front of me.
⑤ My mom gave me the watch which my father used to wear.

3 다음 괄호 안의 관계대명사 중 알맞은 것을 <u>모두</u> 고르시오.

We met some people (who / which / whose / whom) our teacher taught ten years ago.

NEW WORDS

☐ **hometown** 고향 ☐ **around the corner** 모퉁이에 ☐ **be surrounded by** ~로 둘러싸이다 ☐ **appear** 나타나다
☐ **used to** ~하곤 했다

06 관계대명사 that, what

1 관계대명사 that

① who(m), which 대신 사용 가능

She likes the boy **who** (= **that**) lives next door.

This is a movie **which** (= **that**) was directed by Steven Spielberg.

② 선행사가 '사람 + 사물[동물]'일 때

I saw a girl and a puppy **that** were taking a walk.

③ 선행사에 **the only, the very, the same, the last**가 포함될 때

She is **the only** woman **that** I really love.

④ 선행사에 최상급, 서수가 포함될 때

Neil Armstrong is **the first** man **that** walked on the moon.

⑤ 선행사에 'all + 명사', 'no + 명사', -thing, -body가 포함될 때

We found **nothing that** we expected.

2 선행사를 포함하는 관계대명사 what

= the thing that[which] / the things that[which]

① 주어 역할: **What** I really want is to help them right now.

② 목적어 역할: I know **what** you did last summer.

③ 보어 역할: This is **what** I want to do.

3 관계대명사의 생략

① 주격 관계대명사 + be동사: 뒤에 분사가 있을 경우

The girl **(who is)** sitting on the bench is my sister.

② 목적격 관계대명사의 생략: 목적격 관계대명사 which, who(m), that은 생략 가능

The guitar **(which)** I played a lot was broken.

I saw a girl and a puppy that were taking a walk.

PRACTICE

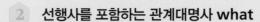

괄호 안의 단어를 사용하여 다음 우리말을 영작하시오. (필요하면 어형을 변화시킬 것)

1 공항으로 가는 버스는 매시간 떠난다. (every hour, leave, to the airport, that) 태랑중 2학년 최근 기출 응용

_____

2 그 가방은 Jenny가 가장 좋아하는 것이다. (what, is, best) 목운중 2학년 최근 기출 응용

_____

3 열심히 공부하는 모든 학생들이 그 시험에 합격할 것이다. (all, will, pass, the exam) 세륜중 2학년 최근 기출 응용

_____

4 저쪽에서 뛰고 있는 그 남자와 그의 개를 봐라. (look at, run, over there, that) 삼각산중 2학년 최근 기출 응용

_____

NOW REAL TEST ①

1 (A)에 알맞은 단어를 쓰고, 그 단어와 believe를 이용하여 (B)를 영작하시오. <small>대화중 2학년 최근 기출 응용</small>

I found the thing. They wanted the thing.

→ I found the thing which they wanted.

→ I found (A) _____ they wanted.

(1) (A)에 들어갈 단어: _____

(2) (B) 나는 그녀가 말한 것을 믿지 않는다.

→ _____

2 다음 우리말을 영작한 문장에서 생략해도 되는 것을 <u>2개</u> 고르시오. (단, 둘을 같이 생략해야 함) <small>부천중 2학년 최근 기출 응용</small>

우리는 운동장에서 놀고 있는 많은 학생들을 봤다.

= We ① saw a lot of ② students ③ who ④ were playing ⑤ on the playground.

3 다음 그림을 묘사하는 문장을 주어진 〈조건〉에 맞게 〈보기〉와 같이 완성하시오. <small>한수중 2학년 최근 기출 응용</small>

〈조건〉 반드시 관계대명사 that과 진행형을 사용할 것

〈보기〉 My brother is talking with a girl who is holding some apples.

(1) My mother is talking with a woman _____. (웃고 있는 한 여자)

(2) My father is taking pictures of children _____. (뛰고 있는 아이들)

CHAPTER 3 ● 034 / 035

NEW WORDS

☐ **playground** 운동장, 놀이터   ☐ **hold** 안다

4 다음 문장의 빈칸에 올 수 있는 말을 모두 고르시오. 신서중 2학년 최근 기출 응용

When the girl read _____ his father wrote, her eyes were full of tears.

① that   ② which   ③ the thing which

④ what   ⑤ the thing that

5 선행사를 포함한 관계대명사를 사용하여 다음 두 문장을 한 문장으로 만드시오. 경원중 2학년 최근 기출 응용

I didn't know the thing. They needed it at that time.

→ I didn't know _____ .

6 관계대명사 that을 사용하여 다음 두 문장을 한 문장으로 만드시오. 광양중 2학년 최근 기출 응용

The boy is wearing a blue hat. It is too big for him.

→ _____

7 다음 중 빈칸에 관계대명사 what을 쓸 수 없는 것은? 중계중 2학년 최근 기출 응용

① He is the only expert _____ can repair this.

② I believe _____ you believe.

③ _____ they needed was meat.

④ I didn't eat _____ he cooked for me.

⑤ This book is exactly _____ I wanted to buy.

8 다음 중 밑줄 친 That[that]의 쓰임이 다른 하나는? 학성중 2학년 최근 기출 응용

① This is the teacher that taught my son last year.

② That's why she likes you.

③ I know the man that you like.

④ Do you want something that is less expensive?

⑤ This is a building that was built in 2002.

NEW WORDS

☐ **expert** 전문가   ☐ **exactly** 정확히

NOW REAL TEST ❷

1 관계대명사를 사용하여 다음 두 문장을 한 문장으로 만드시오.

This is the first CD. I bought it with my own money.

→ _____

2 다음 중 밑줄 친 관계대명사의 쓰임이 어색한 문장은?

① I want to live in a house that has a pool.

② He bought a new cage whose color is green.

③ This is the very place which I saw in my dream.

④ What she really wants to do is to get some rest for a long time.

⑤ I can't believe what he said to me yesterday.

3 관계대명사를 사용하여 다음 우리말을 두 가지로 표현할 때, 빈칸에 알맞은 말을 쓰시오.

네가 생일 선물로 받기를 원하는 것을 내게 알려 줘.

(1) Let me know _____ _____ _____ you want to get for your birthday.

(2) Let me know _____ you want to get for your birthday.

4 다음 우리말을 영어로 옮길 때 빈칸에 알맞은 말을 쓰시오.

언니는 항상 내가 사고 싶은 똑같은 것을 가지고 싶어 한다.

→ My sister always wants to have the same thing _____ I want to buy.

5 다음 문장에서 생략할 수 있는 단어를 쓰시오.

I want to see the movie that my favorite director made.

→ _____

NEW WORDS

☐ **own** ~ 자신의 ☐ **rest** 휴식 ☐ **director** 감독

- **의문사와 관계대명사의 차이**

종류	의문사	관계대명사
who	'누구'로 해석	사람인 선행사와 연결
which	'어떤 (것)'으로 해석	사물인 선행사와 연결
what	'무엇'으로 해석	선행사 포함(= the thing that)

who

① 의문사

I don't know **who** he is. 나는 그가 누구인지 모른다.

② 관계대명사

I don't know the man **who** is over there. 나는 저기 있는 남자를 모른다.

which

① 의문사

Which one is better? 어떤 것이 더 좋니?

② 관계대명사

This is the cat **which** Jane gave me. 이것은 Jane이 나에게 준 고양이다.

what

① 의문사

I want to know **what** this means. 나는 이것이 무엇을 의미하는지 알기 원한다.

② 관계대명사

What she wants is not important. 그녀가 원하는 것은 중요하지 않다.

**확인
문제**

다음 중 밑줄 친 What[what]의 용법이 다른 하나는?

① I don't know what I should do.

② Tell me what you want to have.

③ These are what I have now.

④ What I want to know is your dream.

⑤ What you did last week was really good.

Chapter

4

현재완료, 비교 구문

현재완료

1 형태 have/has + p.p.(과거분사)

2 쓰임 과거의 한 시점부터 현재까지 영향을 미치는 경우에 사용된다.

Jaeseok and Myeongsu **have known** each other since they were young. 재석이와 명수는 어렸을 때부터 서로 **알아 왔다.**

3 용법

① 완료: ~했다 *already, just, yet 등과 함께 주로 쓰임

He **has just finished** his task. 그는 그의 업무를 **막 끝냈다.**

② 경험: ~한 적이 있다 *before, ever, never, 횟수 등과 함께 주로 쓰임

The baseball player **has never hit** a home run.

그 야구선수는 홈런을 쳐 본 적이 한 번도 없다.

③ 계속: ~해 오고 있다 *since, for 등과 함께 주로 쓰임

He **has studied** English **for** ten years.

그는 10년 동안 영어를 공부해 오고 있다.

④ 결과: ~해 버렸다 *go, come, lose, break 등의 동사가 해당됨

He **has lost** his car. 그는 그의 차를 **잃어버렸다.** (지금도 잃어버린 상태)

4 부정문과 의문문

① 부정문: have/has not + p.p. / have/has never + p.p.

I **have not met** him before. 나는 전에 그를 만난 적이 없다.

② 의문문: Have/Has + 주어 + p.p. ~?

Have you ever **done** bungee jumping before?

– Yes, I have. / No, I haven't.

Have you ever done bungee jumping before?

PRACTICE

현재완료를 사용하여 다음 우리말을 영작하시오. (괄호 안에 주어진 단어를 사용할 것)

1 그 아이들은 방금 산타클로스에게 카드를 썼다. (just, to Santa Claus, cards) 원촌중 2학년 최근 기출 응용

_____

2 나는 아직 그것을 끝내지 않았다. (yet, finish) 구암중 2학년 최근 기출 응용

_____

3 지난주부터 계속 비가 왔다. (it, since) 세륜중 2학년 최근 기출 응용

_____

4 사람들이 그 다리 건설하는 것을 벌써 끝냈나요? (finish, building the bridge, yet) 부일중 2학년 최근 기출 응용

_____

NOW REAL TEST ①

1 다음 두 문장을 한 문장으로 만들 때, 빈칸에 알맞은 말을 〈조건〉에 맞게 쓰시오. _{상동중 2학년 최근 기출 응용}

Mr. Jang started to teach us English last year. He still teaches us English.

〈조건 1〉 현재완료를 사용할 것

〈조건 2〉 since를 사용할 것

〈조건 3〉 7단어로 쓸 것

→ Mr. Jang _____ .

2 괄호 안의 단어를 사용하여 다음 그림의 내용에 알맞은 문장을 완성하시오. _{송원중 2학년 최근 기출 응용}

Two Hours Ago   Now

→ Sumi _____ math _____ two hours. (study)

3 주어진 우리말에 맞도록 괄호 안의 단어를 알맞은 형태로 빈칸에 쓰시오. _{영파여중 2학년 최근 기출 응용}

(1) Has she _____ her project already? (do)

(그녀는 벌써 그녀의 과제를 했니?)

(2) Minseo _____ just _____ at Seoul Station. (arrive)

(민서는 막 서울역에 도착했다.)

NEW WORDS

☐ **project** 과제, 프로젝트 ☐ **arrive** 도착하다

4 다음 밑줄 친 ⓐ~ⓓ 중 틀린 문장을 찾아 바르게 고쳐 다시 쓰시오. 목운중 2학년 최근 기출 응용

I am the only child in my family. ⓐ My parents went to my grandmother's house in the morning. ⓑ My grandmother had a cold since yesterday. I am alone tonight. ⓒ I have already finished my homework. ⓓ But I haven't eaten dinner yet.

(1) 틀린 문장: _____

(2) 문장 다시 쓰기: _____

5 다음 우리말을 〈조건〉에 맞게 영작하시오. 해송중 2학년 최근 기출 응용

당신은 산에 캠핑을 하러 간 경험이 몇 번이나 있나요? (on the mountain)
〈조건1〉 반드시 '경험'을 나타내는 현재완료를 사용할 것
〈조건2〉 10단어로 영작할 것

→ _____

6 다음 대화의 빈칸에 알맞은 말을 〈조건〉에 맞게 쓰시오. 부평동중 2학년 최근 기출 응용

A ⓐ _____ you ever ⓑ _____ to Paris? (be동사)

B Yes, I ⓒ _____ .

〈조건〉 현재완료를 사용할 것

금옥중 2학년 최근 기출 응용

7 주어진 단어를 사용하여 다음 우리말을 영어로 옮기시오. (단어 형태 변화 가능, 9단어로 쓸 것)

그 밴드는 약 30년 동안 함께 해 왔어. (be together, around)

→ _____

NEW WORDS

☐ **have a cold** 감기에 걸리다   ☐ **around** 약, ~쯤

8 주어진 단어를 사용하여 우리말에 맞는 영어 문장을 완성하시오. (현재완료를 사용할 것) _{강신중 2학년 최근 기출 응용}

Daniel은 전에 말을 타 본 적이 한 번도 없다. (never, ride a horse)

→ Daniel _____ before.

9 다음 글에서 어법상 틀린 부분을 2개 찾아 바르게 고쳐 쓰시오. _{발산중 2학년 최근 기출 응용}

Today, John is going to the museum. He has never visits the museum before. But he hasn't finish his homework yet. He may not be able to finish his homework in time.

_____ → _____

_____ → _____

_{오주중 2학년 최근 기출 응용}

10 주어진 두 문장을 한 문장으로 쓰되, 현재완료 시제를 사용하고 since를 반드시 포함하시오.

I started taking piano lessons in 2014. I still take them.

→ _____

NEW WORDS

☐ **in time** 제시간에

NOW REAL TEST ❷

1 다음 중 어법상 <u>어색한</u> 문장은?

① He has been sick since this morning.

② Have she finished her project?

③ They have never played tennis before.

④ Have you already done it?

⑤ He has gone to his room.

2 다음 문장을 읽고, 각각 현재완료의 어떤 용법인지 쓰시오. (4가지 용법: 완료, 경험, 계속, 결과)

(1) He has lived in Incheon for ten years. → _____

(2) I have just finished my homework. → _____

(3) Have they hunted animals in the forest before? → _____

(4) My sister has lost her bag. → _____

3 현재완료를 사용하여 다음 두 문장을 한 문장으로 만드시오.

Sam started to work at the company in 2010. He still works there.

→ _____

4 다음 글을 읽고, 주어진 질문에 어법에 맞게 답하시오.

Tom lives in Busan. But his family will move to Seoul soon. Tom has never left Busan before. It can be a special experience for Tom to live in Seoul.

Q   Has Tom ever lived in Seoul before?

A   _____

5 다음 우리말을 영어로 옮기시오. (현재완료를 사용하고, <u>5단어</u>로 답할 것)

그들은 이 도시를 떠났다. (그래서 여기에 없다.)

→ _____

NEW WORDS

☐ **hunt** 사냥하다   ☐ **move** 이사하다   ☐ **experience** 경험

비교 구문

1 원급 비교

① as + 원급 + as ~ : ~만큼 …한[하게]

Today is **as windy as** yesterday. 오늘은 어제만큼 바람이 분다.

② not as[so] + 원급 + as ~ : ~만큼 …한 것은 아닌

He **doesn't** eat **as much as** you. 그는 너만큼 많이 먹지는 않는다.

= He eats less than you. = You eat more than he[him].

③ as + 원급 + as possible = as + 원급 + as + 주어 + can[could] : 가능한 한 ~하게

Do it **as quickly as possible**. = Do it **as quickly as you can.**

2 비교급 비교

① 비교급 + than ~ : ~보다 더 …한 He is **taller than** his father.

② 비교급 강조 : a lot, even, still, much, far *very 사용 불가

Harry is **much** more handsome than my husband.

3 최상급 비교

① 최상급 + in[at] + 단수명사(장소/집단) He is **the tallest** boy **in** my **school.**

② 최상급 + of + 복수명사(비교 대상) She is **the prettiest** girl **of** the **students.**

③ one of the + 최상급 + 복수명사 : 가장 ~한 … 중의 하나

Seoul is **one of the busiest cities** in Asia.

4 기타 비교

① the + 비교급 + 주어 + 동사 ~, the + 비교급 + 주어 + 동사 … : ~하면 할수록 더 …한[하게]

The more you have, **the more** you want. 가지면 가질수록 더 원한다.

② 비교급 + and + 비교급 : 점점 더 ~한[하게]

It is getting **warmer and warmer**. 날씨가 점점 더 따뜻해지고 있다.

He is taller than his father.

PRACTICE

다음 우리말을 영작하시오. (괄호 안에 주어진 단어를 사용할 것)

1 그는 나보다 축구를 더 잘한다. (play, than) 풍성중 2학년 최근 기출 응용

_____

2 그는 가능한 한 빨리 너를 보기를 원한다. (want, as, possible) 풍납중 2학년 최근 기출 응용

_____

3 사람들이 더 열심히 일하면 할수록 세상은 더 좋아질 것이다. (harder, better, will be) 문수중 2학년 최근 기출 응용

_____

4 날씨가 더우면 더울수록 우리는 더 많은 물을 마신다. (get, hotter, more water) 율현중 2학년 최근 기출 응용

_____

NOW REAL TEST ❶

1 다음 우리말과 일치하도록 영어 문장을 완성하시오. 당산중 2학년 최근 기출 응용

영어 회화 동아리가 우리 학교에서 가장 인기 있는 동아리입니다.

→ The English conversation club is ＿＿＿＿＿＿＿＿ ＿＿＿＿＿＿＿＿

＿＿＿＿＿＿＿＿ club ＿＿＿＿＿＿＿＿ my school.

2 다음 중 밑줄 친 전치사의 쓰임이 어색한 것은? 센텀중 2학년 최근 기출 응용

① He has the longest hair <u>in</u> my class.

② Sohi is the smartest <u>of</u> her friends.

③ My father is the busiest person <u>in</u> my family.

④ Junyeong is the fastest boy <u>of</u> my town.

⑤ This coffee is the sweetest <u>of</u> these three.

3 주어진 단어를 바르게 배열하여 다음 우리말을 영작하시오. 동덕여중 2학년 최근 기출 응용

그것에 대해 생각하면 할수록 너의 머리는 텅 빈다.

(think, mind, the, it, you, about, gets, your, more, emptier, the)

→ ＿＿＿＿＿＿＿＿＿＿＿＿＿＿＿＿＿＿＿＿＿＿＿＿＿＿＿

4 다음 그림을 보고, 주어진 단어를 사용하여 문장을 완성하시오. 방화중 2학년 최근 기출 응용

→ The cat ＿＿＿＿＿＿＿＿＿＿＿＿＿＿＿＿ the dog. (smart)

5 다음 그림을 보고, 괄호 안의 단어를 사용하여 비교 문장을 완성하시오. (빈칸에 4단어로 쓸 것)

→ The monster on the left is _____ the monster on the right.
  (big)

6 주어진 단어를 사용하여 어법과 시제에 맞게 다음 우리말을 영작하시오. (필요하면 어형을 바꿀 것)

그는 나만큼 빨리 달렸다. (as, I, do)

→ _____

7 다음 우리말을 어법에 맞게 영어로 옮길 때, 빈칸에 알맞은 말을 쓰시오.

거북이는 세계에서 가장 느린 동물 중 하나이다.

→ A turtle is _____ _____ _____
  _____ in the world.

8 다음 표를 보고, 박보검과 강하늘의 키와 나이를 비교하는 문장을 완성하시오.

	박보검	강하늘
키	182cm	182cm
태어난 연도	1993	1990

(1) Haneul is _____ _____ Bogeom. (키)

(2) Bogeom is _____ _____ Haneul. (나이)

NEW WORDS

☐ **monster** 괴물 ☐ **turtle** 거북이

9 괄호 안의 우리말과 같은 의미가 되도록 빈칸에 알맞은 말을 쓰시오. 부산중 2학년 최근 기출 응용

_____ _____ you eat, _____ _____ you get.

(많이 먹으면 먹을수록 더 뚱뚱해진다.)

10 〈보기〉의 단어를 사용하고 필요한 단어를 추가하여 다음 우리말을 영작하시오.

(단, 필요하면 어형을 바꾸어야 하며, 〈보기〉 중에 필요 없는 단어도 있을 수 있음) 오마중 2학년 최근 기출 응용

〈보기〉 talk with, can, about, good, get, think, information

네가 더 많은 사람들과 이야기하면 할수록 더 좋은 정보를 얻을 수 있다.

→ _____

NEW WORDS

□ **information** 정보

NOW REAL TEST ❷

1 다음 중 어법상 올바른 문장은?

① He is one of the tallest man in the world.

② She is very smarter than her father.

③ The fast you run, the best record you will get.

④ He is getting stronger and stronger.

⑤ I am the tallest boy in my classmates.

[2-3] 다음 우리말을 두 가지 영어 문장으로 표현할 때, 빈칸에 알맞은 말을 쓰시오.

2 사람은 거북이보다 오래 살지 않는다.

(1) Humans don't live _____ turtles.

(2) Turtles live _____ humans.

3 그녀는 가능한 한 많은 돈을 벌어야 했다.

(1) She had to earn as much money as _____.

(2) She had to earn as much money as _____.

4 다음 우리말을 가장 바르게 영작한 것은?

그 새는 점점 더 높이 날았다.

① The higher the bird flew.

② The bird flew the higher and the higher.

③ The bird flew high and high.

④ The bird flew the high and the high.

⑤ The bird flew higher and higher.

NEW WORDS

☐ **record** 기록   ☐ **human** 인간

• have been to와 have gone to의 차이

have been to: '~에 갔다 왔다, 가 본 적이 있다' (현재 여기에 있음)
I **have been to** Canada twice. (O) 나는 캐나다에 두 번 가 본 적이 있다.
I **have gone to** Canada twice. (×)

have gone to: '~에 가 버렸다' (현재 여기에 없음)
Jenny **has gone to** Vietnam. I miss her. (O) Jenny는 베트남에 갔다. 나는 그녀가 보고 싶다.
Jenny **has been to** Vietnam. I miss her. (×)

• 비교급 강조 표현

a lot, even, still, much, far: 훨씬 (더 ~한)
*비교급을 강조할 때는 very를 쓰지 않는다.
He is **much** heavier than Mr. Smith. (O) 그는 Smith 씨보다 훨씬 무겁다.
He is **very** heavier than Mr. Smith. (×)

확인문제

1 다음 밑줄 친 우리말을 영작하시오.

> A (1) 너 최근에 Tom 본 적 있니?
> B (2) 아니, 없어. (3) 그는 일본에 가 버렸어.

(1) _____

(2) _____

(3) _____

2 다음 중 빈칸에 적절하지 <u>않은</u> 것은?

> A Tim, I bought a new bike. It runs very fast.
> B Really? But mine runs _____ faster.

① a lot　　　② far　　　③ very　　　④ still　　　⑤ even

Chapter

5

접속사

UNIT 09 종속 접속사

1 **종속 접속사** 종속 접속사는 주절 외에 따라오는(종속된) 절을 이끈다.

2 **부사절을 이끄는 접속사**

① 시간의 접속사: when, until, as soon as, before, after 등
As soon as he finished his homework, he ran to the concert hall.
The students kept making noise **until** the teacher came.

② 이유의 접속사: because, since, as
Since he worked very hard, he needed a long holiday.
As my uncle is drunk, he can't drive.

③ 조건의 접속사: if, unless
Unless it is far from here, I will go there on foot.

④ 양보의 접속사: though, although, even though, even if
Although the service was poor, the food was delicious.

⑤ 시간·조건의 부사절에서는 주절이 미래 시제이더라도 종속절은 현재형으로 써야 한다.
I will go there when she **calls**. (O)
I will go there when she **will call**. (×)

3 **명사절을 이끄는 접속사**

주어, 목적어, 보어 역할을 하는 절을 이끄는 접속사를 말한다.

① that(~라는 것): **That** she is smart is obvious.

② if(~인지): I don't know **if** she is coming or not.

③ whether(~인지): **Whether** it is true or not isn't important to me.
*if와 whether는 같은 의미지만 if는 주절이나 보어절 앞에 쓰지 않는다.
Whether he is tall or not doesn't matter. (O)
If he is tall or not doesn't matter. (×)

Since he worked very hard, he needed a long holiday.

PRACTICE

다음 우리말을 영작하시오. (괄호 안에 주어진 단어를 사용할 것)

1 그는 최선을 다하는 것이 중요하다는 것을 믿는다. (that, doing his best) 한영중 2학년 최근 기출 응용

_____

2 물이 모두 사라질 때까지 기다려. (all gone, until, the water) 중동중 2학년 최근 기출 응용

_____

3 네가 숙제를 하지 않으면, 그 질문들을 이해하지 못할 것이다. (unless, the questions) 월촌중 2학년 최근 기출 응용

_____

서일중 2학년 최근 기출 응용
4 그녀가 다른 사람들의 말을 잘 듣는다는 것은 사실이다. (that, good at listening to others, true)

_____

NOW **REAL TEST** ❶

1 〈보기〉와 같이 if를 사용하여 주어진 두 문장을 한 문장으로 바꾸시오. _{지산중 2학년 최근 기출 응용}

〈보기〉 You leave now. You will get there on time.
→ If you leave now, you will get there on time.

He reads the manual. He won't make a mistake.

→ _____

2 다음 그림을 보고, 질문에 대한 답을 완성하시오. _{부평서여중 2학년 최근 기출 응용}

Q1 If it rains, what will he do at home?

A1 If _____ , _____ .

Q2 If it's sunny, what will he do with his family?

A2 If _____ , _____ .

3 주어진 우리말과 같은 의미가 되도록 빈칸에 알맞은 말을 써서 문장을 완성하시오.
(각 빈칸에 한 단어씩만 쓸 것) _{동마중 2학년 최근 기출 응용}

The flea market will be held _____ it _____ tomorrow.
(내일 비가 오지 않는다면 벼룩시장이 열릴 것이다.)

NEW WORDS

☐ **on time** 제시간에 ☐ **manual** 사용 설명서 ☐ **make a mistake** 실수하다 ☐ **flea market** 벼룩시장 ☐ **hold** 열다

4

- I have studied English _____ 2007.
- _____ he studied very hard, he could pass the exam.

5

- You will get fat _____ you exercise regularly.
- _____ you miss the bus, you will not be late.

6 우리말과 같은 뜻이 되도록 빈칸에 알맞은 것은? 광장중 2학년 최근 기출 응용

만약 그가 학교에 걸어간다면 30분 정도 걸릴 것이다.
= If he _____ to school, it will take about 30 minutes.

① walk   ② will walk
③ to walk   ④ walking
⑤ walks

7 다음 빈칸에 올 수 있는 말을 모두 고르시오. 동도중 2학년 최근 기출 응용

I cleaned up my room _____ it was very dirty. I didn't want to make my mom angry.

① as   ② though
③ even if   ④ since
⑤ that

NEW WORDS

☐ **regularly** 규칙적으로

8 다음 글의 빈칸에 알맞은 접속사가 순서대로 짝지어진 것은? 선덕중 2학년 최근 기출 응용

> My nephew didn't stop crying _____ I gave him some chocolate.
> Surprisingly, _____ I showed him *Pororo* on TV, he stopped crying
> and smiled.

① because – after ② though – before

③ although – as soon as ④ if – before

⑤ though – although

9 다음 중 어법상 틀린 문장은? 강일중 2학년 최근 기출 응용

① If Yunho plays basketball, I will play soccer.

② She will be happy if I will give her a flower.

③ That she is sick makes me sad.

④ Son Heungmin has played very well since he moved to the EPL.

⑤ I don't know whether she likes you or not.

10 밑줄 친 That[that]의 쓰임이 〈보기〉와 같은 것은? 고양제일중 2학년 최근 기출 응용

> 〈보기〉　That he is my brother makes me proud.

① That was my fault.

② I like that boy.

③ I know that she is very smart.

④ What was in that box?

⑤ That means they are experts.

NEW WORDS

☐ **nephew** 남자 조카 ☐ **surprisingly** 놀랍게도 ☐ **EPL (English Premier League)** 영국 프리미어 축구 리그
☐ **fault** 잘못

NOW REAL TEST ❷

1 주어진 표현과 적절한 접속사를 사용하여 다음 우리말을 영작하시오. (단, 필요하면 어형을 변화시킬 것)

그들은 촛불을 끄자마자 Sonya의 생일 케이크를 잘랐다. (blow out the candles)

→ _____

[2-3] 적절한 접속사를 사용하여 두 문장을 한 문장으로 만드시오.

2
It rained heavily. But they climbed the mountain.

→ They climbed the mountain _____.

3
He may come to the party, or he may not. I don't know exactly.

→ I don't know exactly _____.

4 다음 빈칸에 알맞은 것을 <u>모두</u> 고르시오.

I got some rest _____ I was very tired.

① because   ② since   ③ even if

④ as   ⑤ whether

5 다음 우리말을 두 가지 표현으로 영작할 때 빈칸에 알맞은 말을 쓰시오.

만약 네가 이 치킨을 먹지 않으면 내가 피자를 주문할 것이다.

(1) _____ you _____ _____ this chicken, I will order pizza.

(2) _____ you _____ this chicken, I will order pizza.

NEW WORDS

☐ **blow out** 불어서 끄다   ☐ **heavily** 많이   ☐ **order** 주문하다

UNIT 10 기타 접속사

1 so ~ that ...

① so ~ that ...: 너무 ~해서 …한

The weather was **so cold that** I had to put on a coat.

= Because the weather was so cold, I had to put on a coat.

② so ~ that ... can[could]: 너무[충분히] ~해서 …할 수 있는

He was **so strong that** he **could** move the heavy stone.

= He was strong **enough to** move the heavy stone.

③ so ~ that ... can't[couldn't]: 너무 ~해서 …할 수 없는

The pizza was **so large that** she **couldn't** eat it alone.

= The pizza was **too** large for her **to** eat alone.

④ so that ~: ~할 수 있도록

He took the ball from Son **so that** he could take a penalty kick.

= He took the ball from Son in order to take a penalty kick.

He was so strong that he could move the heavy stone.

2 상관 접속사

① not only A but also B = B as well as A: A뿐만 아니라 B도

*동사의 수는 B에 일치시킨다. **but also에서 also는 생략 가능하다.

Not only you **but (also)** she **likes** Seo Gangjun.

= She **as well as** you **likes** Seo Gangjun.

② 기타 상관 접속사

both A and B	A와 B 둘 다	either A or B	A 또는 B
neither A nor B	A와 B 둘 다 아닌	not A but B	A가 아니라 B

Both Boram **and** her sister are doctors.

You can take **either** a bus **or** a train.

PRACTICE

다음 우리말을 영작하시오. (괄호 안에 주어진 단어를 사용할 것)

잠실중 2학년 최근 기출 응용

1 그는 학교에 다닐 뿐만 아니라 식당도 운영한다. (not only, go to school, run a restaurant)

_____

2 나의 아버지뿐만 아니라 나의 삼촌들도 야구를 좋아한다. (not only) 을지중 2학년 최근 기출 응용

_____

3 나는 너무 바빠서 그녀에게 생일 선물을 사 주지 못했다. (so, that, present) 중동중 2학년 최근 기출 응용

_____

4 그 신발은 너무 커서 그녀가 신을 수가 없었다. (shoes, so, that, put them on) 광남중 2학년 최근 기출 응용

_____

NOW REAL TEST ①

1 다음 문장과 같은 뜻이 되도록 빈칸에 알맞은 말을 쓰시오. _{영도중 2학년 최근 기출 응용}

Sean is tall enough to reach the top of the bookshelf.

→ Sean is _____ tall _____ he _____ reach the top of the bookshelf.

2 다음 우리말을 두 가지 표현으로 영작할 때 빈칸에 알맞은 말을 쓰시오. _{양동중 2학년 최근 기출 응용}

혜교는 영어뿐 아니라 프랑스어도 말한다.

(1) Hyegyo speaks _____ _____ English _____ _____ French.

(2) Hyegyo speaks French _____ _____ _____ English.

3 주어진 표현을 사용하여 다음 우리말을 영작하시오. _{세화여중 2학년 최근 기출 응용}

나의 친구들뿐만 아니라 나의 선생님도 그 사실을 안다. (as well, truth)

→ _____

4 다음 우리말을 영작할 때 빈칸에 알맞은 말을 쓰시오. (주어진 표현을 반드시 포함할 것) _{서초중 2학년 최근 기출 응용}

그녀뿐만 아니라 너도 틀렸다.

(1) _____ wrong. (not only)

(2) _____ wrong. (as well)

5 다음 두 문장의 의미가 같도록 빈칸을 채워 문장을 완성하시오. _{성곡중 2학년 최근 기출 응용}

The man was too busy to play with his children.
= The man was _____ busy _____ he _____
  play with his children.

6 다음 우리말을 so ~ that ... 구문을 사용하여 영작하시오. 대신중 2학년 최근 기출 응용

그는 너무 피곤해서 지금 당장 그것을 할 수 없다.

→ _____

7 다음 중 어법이나 의미상으로 <u>어색한</u> 것을 <u>모두</u> 고르시오. 샛별중 2학년 최근 기출 응용

① He was so happy that he couldn't smile.
② Not only he but they have to leave now.
③ Jane as well as you are good at skiing.
④ Not you but he is responsible for the accident.
⑤ Both you and I are tired now.

거원중 2학년 최근 기출 응용
8 주어진 단어를 사용하여 원인과 결과가 분명하게 드러나도록 빈칸에 알맞은 말을 쓰시오.

A   Your bags look very heavy. Can you carry them by yourself?
B   No, they are _____ . (so, can't)
A   Don't worry. I will help you.
B   Thanks a lot.

9 다음 문장과 의미가 같도록 as well as를 사용하여 문장을 다시 쓰시오. 진신중 2학년 최근 기출 응용

Not only you but also Jieun is afraid of the dark.

→ _____

10 다음 빈칸에 들어갈 수 <u>없는</u> 말을 <u>모두</u> 고르시오. 산남중 2학년 최근 기출 응용

Jisu as well as you _____ black shoes.

① like   ② has   ③ don't want
④ bought   ⑤ wears

NEW WORDS

☐ **responsible** 책임이 있는   ☐ **accident** 사고   ☐ **be afraid of** ~을 두려워하다

NOW REAL TEST ❷

1 다음 표를 보고, 친구들이 어제 한 일을 나타내는 문장을 완성하시오.

	Daeseong	Taeyang	Top
Watch TV	○	○	
Read Books		○	○
Listen to Music	○		○

(1) Not only _____ _____ _____ Taeyang watched TV.

(2) Top _____ _____ as _____ read books.

2 다음 우리말을 두 가지 표현으로 영작할 때 빈칸에 알맞은 말을 쓰시오.

돈뿐만 아니라 건강도 매우 중요하다.

(1) Not _____ .

(2) Health _____ .

3 다음 우리말과 의미가 같은 영어 문장 두 개를 만들 때, 빈칸에 알맞은 말을 쓰시오.

그는 하루에 100개의 단어를 외울 만큼 충분히 똑똑하다. (memorize, words)

(1) He is smart _____ _____ _____ one hundred words a day.

(2) He is _____ smart _____ he _____ one hundred words a day.

NEW WORDS

☐ **memorize** 외우다, 암기하다

4 〈보기〉에서 적절한 상관접속사를 골라 다음 두 문장을 한 문장으로 만드시오.

> **〈보기〉** not A but B   not only A but also B   both A and B

The students were tired of the hot weather. The teacher was also tired of the hot weather.

→ _____

5 다음 그림을 보고, 엄마가 딸에게 하는 말을 참고하여 빈칸을 채우시오. (단, (1)과 (2)는 같은 의미여야 함)

(1) The girl is _____ young _____ _____ to school.

(2) The girl is _____ young _____ she _____ _____ to school.

- **명령문, and/or ~**

  명령문, **and** ~: …해라, 그러면 ~할 것이다

  Exercise hard, **and** you will lose weight.

  = If you exercise hard, you will lose weight.

  열심히 운동해라, 그러면 살이 빠질 것이다.

  명령문, **or** ~: …해라, 그렇지 않으면 ~할 것이다

  Love each other, **or** your heart will get hurt.

  = If you don't love each other, your heart will get hurt.

  = Unless you love each other, your heart will get hurt.

  서로 사랑해라, 그렇지 않으면 너의 마음이 다칠 것이다.

확인문제

[1–2] 다음 우리말과 같은 뜻이 되도록 빈칸에 알맞은 말을 쓰시오.

1 | 다른 사람을 용서해라, 그러면 네가 용서를 받을 것이다.

→ Forgive other people, _____ you will be forgiven.

= _____ you forgive other people, you will be forgiven.

2 | 젊을 때 많은 경험을 해라, 그렇지 않으면 나중에 후회할 것이다.

→ Have a lot of experiences when you are young, _____ you will regret it later.

= _____ you _____ have a lot of experiences when you are young, you will regret it later.

= _____ you have a lot of experiences when you are young, you will regret it later.

Chapter

6

간접의문문과 부가의문문

UNIT
11
간접의문문

1 **간접의문문**

「의문사 + 주어 + 동사」의 형태로 의문문이 다른 문장의 일부로 쓰이는 것을 말한다.

2 **종류**

① 의문사 없는 간접의문문: **if[whether] + 주어 + 동사**

Do you know? + Did he send an email?

→ Do you know **if[whether] he sent** an email?

너는 그가 이메일을 보냈는지 아니?

I don't know. + Is she a pianist?

→ I don't know **if[whether] she is** a pianist.

나는 그녀가 피아니스트인지 몰라.

② 의문사 있는 간접의문문: **의문사 + 주어 + 동사**

I don't know. What is Daniel's cell phone number?

→ I don't know **what Daniel's cell phone number is.**

나는 Daniel의 휴대전화 번호가 뭔지 몰라.

Do you know? + Where does she live?

→ Do you know **where she lives?** 너는 그녀가 어디 사는지 아니?

3 **의문사가 문두에 오는 경우**

think, believe, guess, imagine, suppose 등 생각이나 추측을 나타내는 동사가 쓰이면 의문사는 문장 맨 앞에 쓴다.

Do you think? + What did he see?

→ Do you think what he saw? (×)

→ **What** do you think **he saw?** (○) 너는 그가 무엇을 보았다고 생각하니?

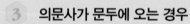

PRACTICE

다음 우리말을 영작하시오. (괄호 안에 주어진 단어를 사용할 것)

1 나는 네가 가장 좋아하는 과목이 무엇인지 모른다. (what, favorite subject) 중원중 2학년 최근 기출 응용

_____

2 네가 오늘 아침에 왜 늦게 일어났는지 내게 말해 줘. (tell, why, late, this) 동수원중 2학년 최근 기출 응용

_____

3 나는 David가 1등을 했는지 아닌지 모른다. (win first prize, if) 동백중 2학년 최근 기출 응용

_____

4 너는 몇 시에 그 영화가 끝나는지 아니? (finish, what time) 초당중 2학년 최근 기출 응용

_____

NOW REAL TEST ❶

1 다음 두 문장을 한 문장으로 만들 때 빈칸에 알맞은 말을 쓰시오. _{신화중 2학년 최근 기출 응용}

I don't know. How old is the king?

→ I don't know _____ .

2 괄호 안의 단어를 사용하여 다음 인터뷰 질문의 빈칸을 완성하시오. _{중원중 2학년 최근 기출 응용}

Q1 Could you tell me _____ ? (when)

A1 My birthday is March 1.

Q2 Could you tell me _____ ? (where)

A2 I was born in Seoul.

오륜중 2학년 최근 기출 응용

3 다음은 Flower Zoo 홈페이지의 내용 중 일부이다. 내용을 참고하여 질문을 완성하시오.

⟨Flower Zoo⟩

• Open: 9:00 a.m.

• Phone Number: 234-5678

Q   Can you tell me _____ ? (the zoo, open, what time)

A   The zoo opens at 9 a.m.

4 '그녀가 왜 그렇게 슬펐는지 이해가 된다.'라는 뜻이 되도록 주어진 단어를 바르게 배열하여 문장을 완성하시오. _{상도중 2학년 최근 기출 응용}

(so, was, I, she, sad, understand, why)

→ _____

NEW WORDS

☐ **be born** 태어나다

5 다음 글을 읽고, 간접의문문을 사용하여 문장을 완성하시오. (I를 사용하여 대답할 것) _{목동중 2학년 최근 기출 응용}

> After summer vacation, you met Mr. Kim. He asked you a question. The question was, "Where did you go during vacation?"
> Now, tell your friend what Mr. Kim asked you.

→ You ____ Mr. Kim asked me _____ .

6 다음 문장을 〈보기〉와 같이 간접의문문으로 바꾸시오. _{덕산중 2학년 최근 기출 응용}

〈보기〉 Where is he? → I don't know where he is.

(1) What did they sell?

→ I don't know _____ .

(2) Where does she live?

→ I don't know _____ .

_{대덕중 2학년 최근 기출 응용}
7 다음은 노래 가사의 일부분이다. 괄호 안에 주어진 문장을 알맞게 바꾸어 빈칸을 채우시오.

> I fell in love with a guy.
> I don't care ⓐ _____ . (Who is he?)
> I don't care ⓑ _____ . (Where is he from?)

NEW WORDS

☐ **fall in love with** ~와 사랑에 빠지다   ☐ **care** 상관하다, 관심을 가지다

8 주어진 정보를 참고하여 대화를 완성하시오. 거원중 2학년 최근 기출 응용

Name: Key

Address: Seoul, Korea

A   Can you tell me what his name is?

B   His name is Key.

A   Do you know _____ _____ _____ ?

B   Yes, I do. He lives in Seoul, Korea.

9 다예(Daye)의 취미는 꽃 사진을 찍는 것이다. 괄호 안의 단어를 사용하여 대화의 빈칸에 알맞은 말을 쓰시오. 개운중 2학년 최근 기출 응용

Q   Can you tell me _____ ? (what, hobby)

A   Her hobby is taking pictures of flowers.

10 다음 대화의 빈칸에 알맞은 말을 쓰시오. 강현중 2학년 최근 기출 응용

Mom   Where is your brother?

Yujin   I don't know _____. (그가 어디에 있는지 몰라요.)

1   다음 문장에서 <u>틀린</u> 부분을 찾아 바르게 고쳐 문장 전체를 다시 쓰시오.

Please tell me when can I borrow your car.

→ _____

2   다음 우리말을 영어로 바르게 옮긴 것은?

너는 그 축구 선수가 소년에게 무엇을 주었다고 생각하니?

① Do you think what did the soccer player give the boy?
② What do you think the soccer player gave the boy?
③ Do you think what the soccer player gave the boy?
④ What do you think did the soccer player give the boy?
⑤ What did you think the soccer player gave the boy?

3   우리말과 같은 뜻이 되도록 영작할 때, where가 들어가야 할 위치는?

그녀가 어제 어디에서 그렇게 열심히 공부했는지 나에게 말해 줘.
= Please tell me (①) she (②) studied (③) so hard (④) yesterday (⑤).

4   간접의문문을 사용하여 다음 두 문장을 한 문장으로 만드시오.

I don't know. Is she disappointed?

→ _____

5   다음 우리말을 영어로 옮길 때, 괄호 안에서 필요하지 <u>않은</u> 단어를 쓰시오.

나는 그녀가 시장에서 무엇을 샀는지 기억할 수 없었다.
(I, remember, could, she, if, bought, at, what, market, not, the)

필요 없는 단어: _____

NEW WORDS

□ **borrow** 빌리다   □ **disappointed** 실망한   □ **market** 시장

12 부가의문문

1 쓰임

평서문의 끝에 「동사 + 주어?」를 붙여 동의를 구하거나 사실을 확인하는 의문문

2 만드는 방법

① 긍정 → 부정: 긍정문 뒤에는 부정의 부가의문문을 쓴다.

② 부정 → 긍정: 부정문 뒤에는 긍정의 부가의문문을 쓴다.

③ be동사/조동사 → be동사/조동사: be동사와 조동사는 그대로 쓴다.
   Kim Suhyeon **is** very handsome, **isn't he**?

④ 일반동사 → do/does/did: 일반동사는 do/does/did를 사용한다.
   She **drinks** a lot of coffee every day, **doesn't she**?

⑤ 명사 → 대명사: 문장의 주어로 쓰인 명사는 대명사로 바꾼다.
   Usain Bolt can run faster than anyone in the world, **can't he**?

⑥ 명령문 → will you: 명령문은 will you?를 붙인다.
   Don't take a nap here, **will you**?

⑦ Let's → shall we: Let's로 시작하는 문장은 shall we?를 붙인다.
   Let's go to Jeju this summer, **shall we**?

3 부가의문문의 대답

맞으면 Yes로, 아니면 No로 대답하되, be동사, 조동사, 일반동사(do/does/did)에 맞게 대답한다.

Reading mystery novels is interesting, isn't it?
→ **Yes, it is.** (재미있다는 의미) / **No it isn't.** (재미없다는 의미)

You like swimming, don't you?
→ **Yes, I do.** (좋아한다는 의미) / **No I don't.** (좋아하지 않는다는 의미)

She drinks a lot of coffee every day, doesn't she?

PRACTICE

다음 우리말과 같은 뜻이 되도록 빈칸에 적절한 부가의문문을 쓰시오.

1 그는 너와 함께 거기에 있기를 원했어, 그렇지 않니? 휘경중 2학년 최근 기출 응용

   He wanted to stay there with you, ＿＿＿＿＿＿＿＿＿＿?

2 너는 지난 겨울에 우리가 만났던 그 소년을 기억하지, 그렇지 않니? 부천일신중 2학년 최근 기출 응용

   You remember the boy whom we met last winter, ＿＿＿＿＿＿＿＿＿＿?

3 Mary와 Susan은 거실에서 수학 공부를 할 수 없었어, 그렇지 않니? 상도중 2학년 최근 기출 응용

   Mary and Susan couldn't study math in the living room, ＿＿＿＿＿＿＿＿＿＿?

4 동물들 사진 찍는 것을 기억해, 그럴 거지? 목동중 2학년 최근 기출 응용

   Remember to take photos of the animals, ＿＿＿＿＿＿＿＿＿＿?

NOW REAL TEST ①

1 빈칸 수에 맞게 부가의문문을 써서 문장을 완성하시오. _{개운중 2학년 최근 기출 응용}

(1) It isn't very cold today, _____ _____ ?

(2) Mr. Kim became a famous writer, _____ _____ ?

2 〈보기〉에 제시된 대화처럼 주어진 표현을 사용하여 빈칸에 들어갈 말을 완전한 영어 문장으로 쓰시오. (주어진 단어는 변형 가능) _{압구정중 2학년 최근 기출 응용}

〈보기〉 A You don't learn French at school, do you?
B No, I don't.

(1) A _____ , _____ ?
(your mother, do the dishes / 7단어 이상)

B _____ , _____ . My father always does the dishes. (3단어)

(2) A _____ , _____ ?
(enjoy, take pictures / 6단어 이상)

B _____ , _____ . I even joined the photo club. (3단어)

3 주어진 단어를 사용하여 다음 우리말을 영어로 옮기시오. (필요하면 어형을 변화시킬 것) _{동성중 2학년 최근 기출 응용}

너의 누나는 올해 댄스 대회에서 우승하기를 바라지, 그렇지 않니?
(the dance contest, this year, hope, to, win)

→ _____ , _____ ?

NEW WORDS
☐ **even** 심지어 ☐ **join** ~에 가입하다 ☐ **contest** 대회

4 다음 그림에 알맞은 부가의문문과 대답을 빈칸에 쓰시오. 부일중 2학년 최근 기출 응용

Q   The hen is keeping her eggs warm, _____ _____?

A   _____, _____ _____.

5 다음 중 부가의문문이 <u>어색한</u> 것은? 대전서중 2학년 최근 기출 응용

① Don't drink coffee before you go to bed, do you?

② He couldn't get there on time, could he?

③ Getting a good night's sleep is very important, isn't it?

④ Let's keep a diary every day, shall we?

⑤ Minji is your best friend, isn't she?

6 다음 대화의 빈칸에 알맞은 말을 쓰시오. 공진중 2학년 최근 기출 응용

Changjeong   Gummy, you love to sing songs, ⓐ _____?

Gummy   ⓑ _____, _____ _____. I want to be a great singer like you.

7 다음 중 밑줄 친 부분이 바르게 쓰인 것은? 온천중 2학년 최근 기출 응용

① Junho and Hyeonseok are not sleeping, <u>aren't they?</u>

② She can swim very fast, <u>doesn't she?</u>

③ She won't join my club, <u>will they?</u>

④ Ms. Choi lived in Ulsan, <u>didn't she?</u>

⑤ Your brother likes toy cars, <u>do you?</u>

8 다음 대화의 빈칸에 알맞은 말이 차례대로 짝지어진 것은? 부광중 2학년 최근 기출 응용

> A You don't like to exercise, _____?
>
> B _____. I really hate going to the gym.

① don't you – No, I don't
② do you – Yes, I do
③ don't you – Yes, I do
④ do you – No, I don't
⑤ does it – Yes, it does

9 부가의문문을 사용하여 다음 우리말을 바르게 영작하시오. (주어진 단어를 사용할 것) 염광중 2학년 최근 기출 응용

이것들은 좋은 스피커들이야, 그렇지 않니? (these, speakers)

→ _____, _____?

NOW REAL TEST ②

[1-5] 빈칸에 알맞은 부가의문문을 〈보기〉에서 골라 그 번호를 쓰시오. (단, 각 문항 첫 번째 빈칸에 들어갈 말은 (가)~(하)에서 고르고, 두 번째 빈칸에 들어갈 말은 ⓐ~ⓖ에서 골라 쓸 것)

〈보기〉

(가) are	(나) aren't	(다) is	(라) isn't	(마) do
(바) don't	(사) does	(아) doesn't	(자) can	(차) can't
(카) did	(타) didn't	(파) will	(하) shall	

| ⓐ you | ⓑ he | ⓒ she | ⓓ they | ⓔ it |
| ⓕ we | ⓖ I | | | |

〈예시〉 You can play the guitar, _____ _____ ?

→ 빈칸에 들어갈 말은 can't you이므로 (차)와 ⓐ가 정답

1 Let's make a sandcastle, _____ ?

2 John gets up very early in the morning, _____ ?

3 Tom and Jerry are good friends, _____ ?

4 Wash your hands before you eat something, _____ ?

5 Jane took some pictures of them, _____ ?

- **감탄문**

What + 형용사 + 명사 (+ 주어 + 동사)!

① **단수일 때**

What a delicious apple it is! 정말 맛있는 사과구나!

② **복수일 때**

What delicious apples they are! 정말 맛있는 사과들이구나!

How + 형용사 (+ 주어 + 동사)!

① **단수일 때**

How beautiful the woman is! 그 여자는 정말 아름답구나!

② **복수일 때**

How beautiful the women are! 그 여자들은 정말 아름답구나!

확인문제

다음 문장을 두 가지의 감탄문으로 바꾸어 쓰시오.

(1) This machine is really fantastic.

→ What _____ !

→ How _____ !

(2) It is a very sunny day.

→ What _____ !

→ How _____ !

Chapter

7

수동태

UNIT 13

수동태의 기본

1 **쓰임** 주어가 행위를 당할 때 쓰인다.

① 능동태
He broke the window. 그가 창문을 깼다.

② 수동태
The window **was broken by** him. 창문이 그에 의해 깨졌다.

2 **수동태의 형태** be + p.p.(과거분사) (+ by ~)

① 현재 시제: am/are/is + p.p. (+ by ~)
Many people like Park Shinhye.
→ Park Shinhye **is liked by** many people.

② 과거 시제: was/were + p.p. (+ by ~)
The lion caught the deer.
→ The deer **was caught by** the lion.

③ 조동사의 수동태: 조동사 + be + p.p. (+ by ~)
My car **must be washed** today.

3 **「by + 행위자」의 생략**

① 일반인 주어일 때
English **is spoken** in many countries (**by people**).

② 주어가 불분명할 때
The key **was stolen** (**by somebody**).

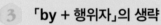
My car must be washed today.

PRACTICE

괄호 안의 단어를 사용하여 다음 우리말을 수동태 문장으로 영작하시오. (필요하면 어형을 변화시킬 것)

1 학교 연극이 나의 친구들에 의해 지난주에 공연되었다. (the school play, perform) 아주중 2학년 최근 기출 응용

_____

2 약간의 음식이 나의 여동생들에 의해 가져와졌다. (bring, some food) 옥현중 2학년 최근 기출 응용

_____

3 그 사과들은 그 할아버지들에 의해 팔렸다. (old men) 중계중 2학년 최근 기출 응용

_____

부천여중 2학년 최근 기출 응용

4 그것은 돌 하나에 의해 심각하게 손상을 입을 수 있다. (damage, seriously, a stone, can)

_____

NOW REAL TEST ①

1 주어진 문장을 〈보기〉와 같이 바꾸어 쓰시오. <small>정신여중 2학년 최근 기출 응용</small>

> 〈보기〉 A big cat saved a small child.
> → A small child was saved by a big cat.

The hero shot the villain.

→ The villain _____ .

2 다음 그림의 내용을 나타내는 문장을 〈조건〉에 맞게 완성하시오. <small>방배중 2학년 최근 기출 응용</small>

〈조건 1〉 동사는 kick을 사용할 것
〈조건 2〉 과거 시제로 쓸 것
〈조건 3〉 수동태를 사용할 것

→ The dog _____ .

3 주어진 표현을 사용하여 다음 우리말을 수동태 문장으로 영작하시오. <small>보성여중 2학년 최근 기출 응용</small>

그 음악 축제는 매년 여름 열린다. (music festival, every summer)

→ _____

NEW WORDS

☐ **hero** 영웅, 남자 주인공 　☐ **villain** 악당 　☐ **festival** 축제

4 다음 문장이 능동태이면 수동태로, 수동태이면 능동태로 바꾸어 쓰시오. 경일중 2학년 최근 기출 응용

(1) The girl wrote a lot of letters.

→ _____

(2) The robber was caught by the police.

→ _____

5 다음 우리말을 능동태와 수동태로 각각 영작할 때 빈칸에 알맞은 말을 쓰시오. 양운중 2학년 최근 기출 응용

그는 많은 단체들로부터 후원을 받는다. (sponsor)

(1) A lot of organizations _____ _____ . (능동태)

(2) _____ _____ _____ a lot of organizations. (수동태)

6 다음 우리말을 수동태로 영작할 때 빈칸에 알맞은 말을 쓰시오. 매현중 2학년 최근 기출 응용

몇몇의 군인들이 또 다시 그 전투로 보내졌다. (the battle, soldier)

→ Several _____ again.

7 다음 문장을 수동태로 바꾸어 쓰시오.

(1) Evan took these wonderful photos. 계남중 2학년 최근 기출 응용

→ _____

(2) Steve broke the window last night. 상도중 2학년 최근 기출 응용

→ _____

NEW WORDS

☐ **robber** 강도 ☐ **sponsor** 후원하다 ☐ **organization** 조직, 단체 ☐ **battle** 전투

NOW REAL TEST ②

1 다음 중 밑줄 친 부분을 생략해도 무방한 것은?

  ① This house will be built <u>by my uncle.</u>

  ② His bike was stolen <u>by the thief.</u>

  ③ The mission was completed <u>by the special staff member.</u>

  ④ No photos are allowed in this museum <u>by people.</u>

  ⑤ The children who didn't do their homework were punished <u>by the teacher.</u>

[2-3] 다음 문장을 수동태로 바꾸시오.

2   They should explain the reason why she didn't come today.

  → ....

3   He taught many students at this school.

  → ....

[4-5] 다음 문장을 능동태로 바꾸시오.

4   These reports will be sent to Japan by Brian.

  → ....

5   These children should be watched by volunteers.

  → ....

NEW WORDS

☐ **punish** 벌을 주다 ☐ **mission** 임무 ☐ **complete** 완수하다 ☐ **staff** 직원 ☐ **explain** 설명하다 ☐ **reason** 이유
☐ **report** 보고서 ☐ **volunteer** 자원봉사자

UNIT 14

여러 가지 수동태

1 by 이외의 전치사를 사용하는 수동태

be surprised at/by	~에 놀라다	be tired of	~에 싫증이 나다
be disappointed at/with/by	~에 실망하다	be interested in	~에 흥미가 있다
be filled with	~로 가득 차 있다	be known as	~로 알려지다
be satisfied with	~에 만족하다	be known to	~에게 알려지다
be covered with	~로 덮여 있다	be known for	~로 유명하다
be pleased with	~에 기뻐하다	be married to	~와 결혼한 상태이다
be worried about	~에 대해 걱정하다	be made of/from	~로 만들어지다

My grandmother **was pleased with** my present.
I **am tired of** eating ramen every day.

2 동사구의 수동태

여러 단어의 조합으로 이루어진 동사구는 하나의 동사처럼 취급한다.
Kevin will **catch up with** Jessica soon.
→ Jessica will **be caught up with** by Kevin soon.

3 주의해야 할 수동태

① 수동태로 쓰기 쉬운 자동사: appear, disappear, happen, belong 등
　She **appeared** in the musical. (○)
　She **was appeared** in the musical. (×)
② 수동태로 쓸 수 없는 타동사: have, resemble 등
　He **resembles** his father. (○)
　His father **is resembled** by him. (×)

He resembles his father.

PRACTICE

괄호 안의 단어를 사용하여 다음 우리말을 수동태 문장으로 영작하시오. (필요하면 어형을 변화시킬 것)

1 그는 그 새 차에 만족했다. (satisfy)  이수중 2학년 최근 기출 응용

_____

2 너는 그 커피에 실망하지 않을 거야. (disappoint) 신창중 2학년 최근 기출 응용

_____

3 그 영화는 대중적인 영화음악으로 유명하다. (know, popular, its, soundtrack) 신동중 2학년 최근 기출 응용

_____

4 너의 역사책은 먼지로 덮여 있다. (history book, cover, dust) 송파중 2학년 최근 기출 응용

_____

1 다음 우리말을 수동태로 영작하시오. 봉서중 2학년 최근 기출 응용

그 가수는 많은 일본 사람들에게 알려져 있다.

→ The singer _____ many Japanese people.

2 다음 우리말을 영어로 옮길 때, 빈칸에 <u>6단어</u>를 써서 완전한 문장을 만드시오. 가야중 2학년 최근 기출 응용

Bill Gates는 가난한 사람들을 돕는 것에 흥미가 있었다.

→ Bill Gates _____ .

3 다음 우리말을 영어로 옮길 때 빈칸에 알맞은 말을 쓰시오. (필요하면 어형을 변화시킬 것) 부림중 2학년 최근 기출 응용

비틀즈(the Beatles)의 'Yesterday'는 가장 많이 리메이크된 곡으로 알려져 있다.
(the most covered song, know)

→ The Beatles' *Yesterday* _____ .

4 다음 문장을 수동태로 바꾸시오. 수원중 2학년 최근 기출 응용

Edison's light bulbs surprised the people who wanted to see well at night.

→ _____

5 다음 우리말을 바르게 영작한 것은? 계광중 2학년 최근 기출 응용

사람들은 그 쌍둥이들의 건강에 대해 걱정했다.

① People were worried about the twins' health.
② People were worried by the twins' health.
③ People were worried to the twins' health.
④ People were worried for the twins' health.
⑤ People were worried with the twins' health.

NEW WORDS

☐ **cover** 리메이크하다   ☐ **light bulb** 전구   ☐ **surprise** 놀라게 하다

6 다음 공지 사항을 보고, 문의 전화를 걸어 온 관객에게 직원이 대답할 말을 주어진 단어를 참고하여 쓰시오. _{산남중 2학년 최근 기출 응용}

〈공지 사항〉 공연이 다음 주 토요일로 연기되었습니다.
〈통화 내용〉 관객 공연이 정상적으로 열리나요?
　　　　　　직원 아닙니다. 그 가수에 의해 공연이 다음 주 토요일로 연기(put off)되었습니다.

→ No, the concert _____ to next Saturday.

7 주어진 표현을 사용하여 다음 우리말을 바르게 영작하시오. _{갈산중 2학년 최근 기출 응용}

어린이들은 초콜릿을 먹는 데 싫증이 나지 않을 것이다. (tired, eating chocolate)

→ _____

8 다음 우리말을 영어로 옮길 때 빈칸에 알맞은 말을 쓰시오. _{금옥중 2학년 최근 기출 응용}

그 가게는 맛있는 사과들로 가득 차 있었다. (delicious, fill)

→ The store _____ .

9 다음 우리말을 영어로 옮길 때 빈칸에 알맞은 것은? _{천일중 2학년 최근 기출 응용}

Brad Pitt는 Angelina Jolie를 만났을 때 Jennifer Aniston과 결혼한 상태였다.
→ Brad Pitt was married _____ Jennifer Aniston when he met Angelina Jolie.

① by　　　　　　② at　　　　　　③ to
④ with　　　　　⑤ of

NEW WORDS

□ **put off** 연기하다

NOW **REAL TEST** ❷

1 다음 문장에서 <u>틀린</u> 부분을 찾아 바르게 고쳐 문장 전체를 다시 쓰시오.

The accident was happened last night.

→ ....

2 다음 중 어법상 <u>틀린</u> 문장은?

① I am very pleased with my score.

② This room is filled with fresh air.

③ They were satisfied by the results.

④ This area is covered with rich soil.

⑤ Don't be disappointed by your record.

3 다음 빈칸에 공통으로 알맞은 전치사를 쓰시오.

• He is tired .... working every weekend.

• This desk is made .... wood.

4 주어진 단어를 사용하여 다음 우리말을 수동태 문장으로 영작하시오.

노숙자들은 정부에 의해 돌봐져야 한다. (the homeless, take care of, the government)

→ ....

5 다음 우리말을 영어로 옮기시오. (단, 수동태로 쓸 것)

나는 너의 선택에 실망하지 않을 것이다.

→ ....

NEW WORDS

□ **rich** 비옥한 □ **soil** 흙, 토양 □ **homeless** 집이 없는 □ **government** 정부

선생님, 헷갈려요!
시험에 잘 나오는 헷갈리는 문제

불규칙 동사 3단 변화 30

동사 변화	뜻
bear – bore – born(e)	낳다, 참다
begin – began – begun	시작하다
bend – bent – bent	구부리다
bite – bit – bitten	물다
break – broke – broken	깨뜨리다
bring – brought – brought	가지고 오다
broadcast – broadcast – broadcast	방송하다
build – built – built	짓다
choose – chose – chosen	선택하다
feed – fed – fed	먹이다
find – found – found	찾다
freeze – froze – frozen	얼다, 얼리다
grind – ground – ground	갈다
hang – hung – hung	걸다
hide – hid – hidden	숨다, 숨기다
hold – held – held	개최하다; 잡다
hurt – hurt – hurt	다치게 하다
keep – kept – kept	지키다
lay – laid – laid	눕히다, 내려놓다
lead – led – led	이끌다
lend – lent – lent	빌려주다
lie – lay – lain	눕다, 놓여 있다
mean – meant – meant	의미하다
overcome – overcame – overcome	극복하다
read [riːd] – read [red] – read [red]	읽다
sell – sold – sold	팔다
send – sent – sent	보내다
shoot – shot – shot	쏘다
spend – spent – spent	(돈·시간을) 쓰다
spread – spread – spread	퍼지다, 펴다

Chapter

8

분사, 가정법 과거

UNIT 15

분사

1 현재분사와 과거분사의 비교

	현재분사	과거분사
형태	-ing	p.p.
의미	능동, 진행	수동, 완료
해석	~하고 있는, ~하는	~해진, ~된, ~당하는

2 현재분사

Look at the **sleeping** baby. (명사 수식, 능동) 잠자고 있는 아기를 봐.
She is **cooking** in the kitchen. (진행) 그녀는 부엌에서 요리를 하고 있다.
The man **driving** the car is my uncle. (분사구가 뒤에서 명사를 수식)
그 차를 운전하고 있는 남자는 내 삼촌이다.

3 과거분사

There are many **fallen** trees after an earthquake. (명사 수식, 수동)
지진 이후에 쓰러진 많은 나무들이 있다.
He has **lost** his lunch coupon. (완료) 그는 그의 식권을 잃어버렸다.
I am reading a novel **written** in French. (분사구가 뒤에서 명사를 수식)
나는 프랑스어로 쓰여진 소설을 읽고 있다.

There are many fallen trees after an earthquake.

4 감정을 나타내는 분사

① 현재분사: 주어가 사물이거나 감정을 유발하는 사람일 때 사용한다.
　 This book is very **interesting**. (사물인 책이 흥미를 유발함)
② 과거분사: 사람이 주어이면서 감정을 느끼는 주체가 될 때 사용한다.
　 I was **surprised** by the bad news. (사람인 내가 놀라운 감정을 느낌)
　 The movie was **boring**, so I was **bored**.
　 영화(사물)가 지루해서 나(사람)는 지루해졌다.

PRACTICE

괄호 안의 단어를 사용하여 다음 우리말을 영작하시오. (필요하면 어형을 변화시킬 것)

1　생물학은 매력적인 과목이다. (biology, fascinate, subject) 목일중 2학년 최근 기출 응용

_____

2　나는 한국어를 배우는 많은 중국인 학생들을 안다. (Chinese, learn, Korean) 부일중 2학년 최근 기출 응용

_____

3　너는 끓는 물을 조심해야 한다. (have to, boil, watch out for) 양정중 2학년 최근 기출 응용

_____

4　200년 전에 그려진 그 벽화는 매우 유명하다. (draw, the mural, well known) 구암중 2학년 최근 기출 응용

_____

갈산중 2학년 최근 기출 응용

1   주어진 단어를 사용하여 빈칸에 알맞은 말을 써서 대화를 완성하시오. (필요하면 단어를 변형할 것)

석진   I'm waiting for this Saturday.

하선   Why? Do you have any special plans?

석진   I am going to go camping.

하선   _____! (sound, that, excite, really)

이수중 2학년 최근 기출 응용

2   다음 그림을 보고, 〈보기〉에서 알맞은 단어를 골라 두 사람의 대화를 완성하시오.

〈보기〉   boring   bored   interesting   interested

정우   This movie is so ⓐ _____.

달수   Right. Because of the movie, we are so ⓑ _____. Our movies are better than this.

가락중 2학년 최근 기출 응용

3   다음 글의 밑줄 친 ⓐ, ⓑ, ⓒ를 어법에 맞게 각각 고쳐 쓰시오.

There is a girl ⓐ walk on the street. It's the first time she is walking there. She has ⓑ lose her way. Then, she encounters a man ⓒ ride a horse. He takes her to her house.

ⓐ _____   ⓑ _____   ⓒ _____

NEW WORDS

☐ **sound** ~하게 들리다   ☐ **encounter** 마주치다

4 다음 중 어법상 <u>틀린</u> 문장을 <u>모두</u> 찾아 번호를 쓰고, 바르게 고쳐 쓰시오. 중흥중 2학년 최근 기출 응용

    ⓐ The boy hiked in the woods saw a big boar.

    ⓑ Please show me your photos taken in Germany.

    ⓒ The woman sit on the chair is my sister.

→ _____

_____

소명여중 2학년 최근 기출 응용

5 주어진 표현을 사용하여 다음 우리말을 영어로 옮긴 문장을 완성하시오. (필요하면 어형을 변화시킬 것)

그녀는 오븐에 구운 쿠키를 먹었다. (bake, the cookies, in the oven)

→ She ate _____ .

6 밑줄 친 ⓐ와 ⓑ를 각각 알맞은 형태로 바꾼 것은? 수내중 2학년 최근 기출 응용

Park Jun is a famous hair designer. He cuts hair at a ⓐ <u>surprise</u> speed. People are ⓑ <u>surprise</u> by his skills.

	ⓐ		ⓑ
①	surprised	–	surprising
②	surprising	–	surprised
③	surprised	–	surprise
④	surprising	–	surprising
⑤	surprised	–	surprised

7 다음 우리말을 영어로 옮길 때 밑줄 친 ⓐ와 ⓑ의 알맞은 형태를 쓰시오. 행신중 2학년 최근 기출 응용

축구 경기는 항상 나에게 흥미롭다. 경기를 볼 때면 나는 신이 난다.

→ Soccer games are always ⓐ <u>interest</u> to me. When I watch them, I get ⓑ <u>excite</u>.

ⓐ _____   ⓑ _____

NEW WORDS

□ **woods** 숲   □ **boar** 멧돼지   □ **speed** 속도   □ **skill** 기술

8 다음 글의 빈칸 ⓐ와 ⓑ에 들어갈 표현이 순서대로 짝지어진 것은? _{분포중 2학년 최근 기출 응용}

> I was born on a beautiful farm. It was full of animals _____ ⓐ _____ for their new
> owner. One day, I heard a car's horn outside. I went out, and there was a cute
> boy with big eyes _____ ⓑ _____ with his father.

	ⓐ		ⓑ
①	wait	—	stand
②	waiting	—	stood
③	waiting	—	standing
④	waited	—	stood
⑤	waited	—	standing

9 다음은 바보 온달과 평강 공주가 요즘 시대에 만나서 영화를 보고 난 후의 대화이다.
우리말에 맞게 대화가 완성될 수 있도록 괄호 안에서 적절한 것을 고르시오. _{동신중 2학년 최근 기출 응용}

Pyeonggang   The movie was very ⓐ (touching / touched). I was so ⓑ (touching /
touched) that I cried.
(영화가 매우 감동적이었어요. 나는 너무 감동해서 울었어요.)

Ondal   Really? I thought it was an ⓒ (exciting / excited) movie.
(그래요? 나는 신나는 영화라고 생각했는데.)

10 우리말과 같은 의미가 되도록 빈칸에 알맞은 말을 써서 대화를 완성하시오. (주어진 단어를 이용하되, 필요
하면 형태를 변화시킬 것) _{보성중 2학년 최근 기출 응용}

A   These are the songs ⓐ _____ in my USB. (save)
(이것들은 내 USB에 저장되어 있는 노래들이야.)

B   You have so many songs. I am ⓑ _____ in your songs. (interest)
(너 정말 많은 곡들을 갖고 있구나. 나는 너의 노래들에 흥미가 있어.

NEW WORDS

☐ **owner** 주인 ☐ **horn** 경적 ☐ **save** 저장하다

1   다음은 보라가 그림을 묘사하는 글이다. 어법상 틀린 곳을 모두 찾아 바르게 고쳐 쓰시오.

Bora   There is a table in the kitchen. I will describe what I see now. On the table, there is a cup fill with water. A boy listened to music is eating bread. He is my brother, Jungho.

→ _____

2   다음 중 밑줄 친 단어의 용법이 다른 하나는?

① Eating chicken is always good to me.

② My father likes playing soccer.

③ The most serious problem is not preparing for the audition.

④ The man sitting on the bench is Song Junggi.

⑤ Not doing anything is worse than doing things poorly.

3   다음 빈칸에 공통으로 알맞은 것을 모두 고르시오.

• The police officer found her _____ bag.

• The painting _____ from the museum last week was priceless.

① stealing   ② lost   ③ losing

④ stolen   ⑤ stole

NEW WORDS

☐ **describe** 묘사하다   ☐ **audition** 오디션   ☐ **police officer** 경찰관   ☐ **painting** 그림   ☐ **priceless** 값을 매길 수 없는

[4–5] 다음 주어진 단어를 어법에 맞는 형태로 바꾸어 빈칸에 쓰시오.

4 satisfy

(1) My score was less ＿＿＿＿＿＿＿ than I expected.

(2) My boss was ＿＿＿＿＿＿＿ with my report.

5 annoy

(1) He usually asks ＿＿＿＿＿＿＿ questions in class.

(2) She got ＿＿＿＿＿＿＿ because of her students' rude behavior.

6 다음은 3년간 우리나라 영화 최고 흥행작에 대한 정보이다. 빈칸에 알맞은 말을 쓰시오.
(주어진 단어를 이용하되 필요하면 어법에 맞게 변형시킬 것)

Year	Title	Korean Title	Director	Main Actor
2014	*Roaring Currents*	명량	Kim Hanmin	Choi Minsik
2015	*Veteran*	베테랑	Ryu Seungwan	Hwang Jeongmin
2016	*Train to Busan*	부산행	Yeon Sangho	Gong Yu

(1) *Veteran* was ＿＿＿＿＿＿＿ by Ryu Seungwan. (direct)

(2) *Train to Busan* was ＿＿＿＿＿＿＿ in 2016. (screen)

(3) *Roaring Currents* was very ＿＿＿＿＿＿＿. Many people watched it. (move)

NEW WORDS

☐ **expect** 기대하다　☐ **boss** 상사　☐ **behavior** 행동　☐ **title** 제목　☐ **director** 감독　☐ **main actor** 주연 배우
☐ **direct** 연출하다　☐ **screen** 상영하다　☐ **move** 감동시키다

UNIT 16

가정법 과거

1 가정법 과거의 쓰임

현재 사실에 반대되는 일, 혹은 이루어질 수 없는 일을 나타낸다.

If I **had** a car, I **would pick** her up at the station.

만약 내가 차가 있다면 그녀를 역에서 태울 텐데.

(= As I don't have a car, I won't pick her up at the station.)

If I **weren't** a celebrity, I **could walk** on the street freely.

내가 만약 유명인이 아니라면, 자유롭게 거리를 걸을 수 있을 텐데.

(= As I am a celebrity, I can't walk on the street freely.)

2 가정법 과거의 형태

If + 주어 + 동사의 과거형 ~, 주어 + 조동사의 과거형 + 동사원형 …

*이때, if절의 동사가 be동사일 경우는 주어의 인칭에 상관 없이 were만 사용

If he **had** a lot of money, he **could buy** a new house.

만약 그가 돈이 많으면 새 집을 살 수 있을 텐데.

(= Since he doesn't have a lot of money, he can't buy a new house.)

If you **were** a girl, I **would give** you a flower.

만약 네가 소녀라면 내가 너에게 꽃을 줄 텐데.

(= Since you are not a girl, I won't give you a flower.)

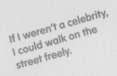

If I weren't a celebrity, I could walk on the street freely.

PRACTICE

괄호 안의 단어를 사용하여 다음 우리말을 가정법 과거로 영작하시오. (필요하면 어형을 변화시킬 것)

1 만약 우리가 그 해결책을 안다면, 여기서 탈출할 수 있을 텐데. (solution, escape) _{사직여중 2학년 최근 기출 응용}

_____

2 만약 우리가 많은 돈이 있다면 외국으로 갈 텐데. (a lot of, go abroad) _{노은중 2학년 최근 기출 응용}

_____

_{상도중 2학년 최근 기출 응용}

3 만약 내가 컴퓨터에 대해서 알면, 너의 컴퓨터를 고칠 수 있을 텐데. (know about computers, fix)

_____

_{부원여중 2학년 최근 기출 응용}

4 너희가 최선을 다한다면 더 좋은 결과를 얻을 수 있을 텐데. (your best, get a better result)

_____

NOW REAL TEST ①

1 주어진 단어를 사용하여 다음 우리말을 영작하시오. (필요하면 어형을 변화시킬 것) 석천중 2학년 최근 기출 응용

내가 기타를 가지고 있다면 그녀에게 그것을 연주하도록 할 텐데. (have, guitar, let, play it)

→ _____

2 두 문장의 뜻이 같도록 빈칸에 알맞은 단어를 쓰시오. 덕원중 2학년 최근 기출 응용

I don't know Yejin's cell phone number, so I can't call her.
= If I _____ Yejin's cell phone number, I _____ _____ her.

3 다음 밑줄 친 부분에서 어법상 어색한 곳을 찾아 바르게 고치시오. 샛별중 2학년 최근 기출 응용

(1) If he <u>has</u> a new camera, he could take good pictures.

_____ → _____

(2) If I <u>was</u> rich, I could buy a yacht.

_____ → _____

(3) If they had good horses, <u>they can get</u> there earlier.

_____ → _____

4 다음 문장을 현재 사실과 반대되는 것을 가정하는 문장으로 다시 쓰시오.
(단, 주어진 빈칸 수에 맞게 문장을 완성할 것) 성복중 2학년 최근 기출 응용

He has a lot of homework today. So he is not happy.
= If he _____ _____ a lot of homework today, he _____ _____
happy.

NEW WORDS
□ yacht 요트

5 다음은 한 소녀가 한 말이다. 비슷한 의미가 되도록 가정법 과거 문장으로 다시 쓰시오.

> 소녀   I can't go to school because my family doesn't have enough money.

→ If my family _____, I _____.

6 다음은 억만장자가 된다면 무엇을 하고 싶은지에 대한 우리말 질문에 강준이가 영어로 답한 것이다. 주어진 〈정보〉를 참고하여 빈칸에 알맞은 말을 쓰시오.

> 〈정보〉 강준이는 람보르기니 아벤타도르(Lamborghini Aventador)를 갖고 싶어 한다.
> Q   만약에 네가 억만장자(billionaire)라면, 너는 뭘 하겠니?
> A   If _____, I _____ a Lamborghini Aventador.

7 다음 중 어법상 <u>틀린</u> 문장은?

① What would you do if she left you?

② If he had a lot of cars, he could lend them to his friends.

③ If she was a millionaire, she could buy the house.

④ If there were nothing fresh, I wouldn't buy anything there.

⑤ If you were in danger, a superhero would appear in front of you.

8 다음 글을 읽고, 밑줄 친 (가)와 (나)의 우리말과 같은 뜻이 되도록 주어진 단어를 배열하여 영어 문장을 완성하시오. (단, 필요 없는 단어는 쓰지 말 것)

> Some people say, "(가) <u>네가 만약 어른이라면</u>, (나) <u>너는 더 중요한 일들을 할 수 있을 거야.</u>"
> But I am just 15 years old. Do you really think I can change anything?

(가) adult, if, you, an, were, are

→ _____

(나) more, things, important, could, can, you, do

→ _____

NEW WORDS

☐ **lend** 빌려주다   ☐ **billionaire** 억만장자   ☐ **millionaire** 백만장자   ☐ **adult** 어른

9 주어진 표현을 사용하여 우리말과 일치하도록 영어 문장을 완성하시오. _{오륜중 2학년 최근 기출 응용}

(1) 내가 만약 너라면 그녀와 결혼할 텐데.

→ If I _____ , _____ . (marry her)

(2) 만약 네가 거울이 있다면 아름다운 네 얼굴을 볼 수 있을 텐데.

→ If you _____ , _____ . (a mirror)

10 다음은 선우가 우리말을 영어로 옮기다가 모르는 부분을 빈칸으로 남겨 놓은 것이다. 빈칸에 들어갈 말이 차례대로 짝지어진 것은? _{동백중 2학년 최근 기출 응용}

만약 내가 어린 소년이라면, 매일 공원에서 놀 텐데.

= If I _____ a little boy, I _____ in the park every day.

① am – will play

② was – would play

③ was – could play

④ were – would play

⑤ were – would playing

NEW WORDS

□ **marry** 결혼하다 □ **mirror** 거울

NOW REAL TEST ❷

1   다음 우리말을 영어로 옮길 때 사용되지 <u>않는</u> 단어는?

만약 내게 헬리콥터가 있다면, 절대 지각하지 않을 텐데.

① have   ② if   ③ would

④ be   ⑤ never

2   다음은 가상 인물이 될 수 있다면 누가 되고 싶으며 무엇을 하고 싶은지를 묻는 질문에 대한 아인이의 대답이다. 그림을 보고, 빈칸에 알맞은 말을 쓰시오.

아인   If I _____ a Spiderman, I _____ spin a web between the buildings.

3   다음 두 문장이 같은 뜻이 되도록 빈칸에 알맞은 말을 쓰시오.

(1) As it is not summer, I can't go swimming in the sea.

= If _____ summer, _____ in the sea.

(2) If she lived in Japan, she would be afraid of earthquakes.

= _____ in Japan, _____ earthquakes.

NEW WORDS

□ **spin** (실을) 잣다   □ **web** 거미줄   □ **earthquake** 지진

4 다음 표를 보고, 빈칸에 알맞은 말을 넣어 가정법 과거 문장을 만드시오.

이름	소지섭	지진희
희망사항	눈이 더 크면 더 잘생길 것 같음	이름이 다르면 지진이 안 일어날 것 같음

(1) Jiseop: If I _____ bigger eyes, I _____ more handsome.

(2) Jinhi: If I _____ a different name, earthquakes _____ occur.

5 다음 글을 읽고, 가정법 과거로 바꾸어 글 전체를 다시 쓰시오. (각 문장을 If로 시작할 것)

I get up too late, so I am late for school every day. My mom doesn't wake me up in the morning, so I can't get up on time.

→ _____

_____

_____

NEW WORDS

☐ **occur** 일어나다   ☐ **wake up** 깨우다

• if의 쓰임 비교

조건의 부사절을 이끄는 접속사: 일어날 수 있는 가능성이 있는 경우

If you have free time, help other people so that they can do well.

만약 네가 시간이 나면 다른 사람들이 잘 할 수 있게 도와줘라.

명사절을 이끄는 접속사: ~인지 아닌지 (= whether)

I don't know **if** (= whether) she will come here today.

나는 그녀가 오늘 여기 오는지 모른다.

*단, 주어로 쓸 때는 If를 쓰지 않고 Whether만 쓴다.

If he is rich or not isn't important. (×)

Whether he is rich or not isn't important. (○)

그가 부자인지 아닌지는 중요하지 않다.

가정법 과거: 현재 사실에 반대되는 가정

If I had a lot of money, I could travel to many countries.

만약 내가 돈이 많다면 많은 나라를 여행할 수 있을 텐데.

확인 문제

1 다음 중 밑줄 친 If[if]의 용법이 나머지와 다른 하나는?

① I wonder if the event is still going on.

② I will go there if she comes.

③ If it's cold tomorrow, let's not go on a picnic.

④ Don't ask her anything if she doesn't want to talk to you.

⑤ If there is nothing to eat, I will go to the market to buy something.

2 다음 중 밑줄 친 If[if]의 용법이 〈보기〉와 같은 것은?

〈보기〉 Nobody knows if he did it or not.

① If my mom gives me money, I will buy a new pen.

② Can you tell me if Emily likes Tom? I think you know.

③ I can't do this if you don't give me enough time.

④ If I were a bird, I would fly over the mountain.

⑤ If you have a bike, let me ride it for just a while.

Chapter

9

대명사, 조동사

17 it, one, some, other(s)의 쓰임

1 it의 여러 가지 쓰임

① 지시대명사: 그것

It is my old camera. 그것은 나의 오래된 카메라이다.

② 비인칭주어 it: 시간, 거리, 요일, 날짜, 계절, 날씨, 명암 등을 나타낼 때

It's getting colder and colder. (날씨가) 점점 추워지고 있다.

It's very dark in this office. 이 사무실 안은 많이 어둡다.

③ 가주어 it: 진주어로 쓰인 to부정사 또는 that절 대신 가주어 it을 쓰고 진주어는 뒤로 보낸다.

It is very difficult for me to learn how to solve a Rubik's Cube.
내가 루빅스 큐브를 맞추는 법을 배우는 것은 매우 어렵다.

④ 가목적어 it: 진목적어인 to부정사 대신 가목적어 it을 쓰고 to부정사는 뒤로 보낸다.

He found **it** impossible to win a gold medal.
그는 금메달을 따는 것이 불가능하다고 생각했다.

⑤ It seems ~: ~인 것 같다 / It seemed ~: ~인 것 같았다

It seems that he is a liar. = He seems to be a liar.

It seems that she sent him an email. = She seems to have sent him an email. *한 시제 앞선 경우 to have + p.p.(완료 부정사) 사용

It is very difficult for me to learn how to solve a Rubic's Cube.

2 One ~, the other(s) ... / Some ~, others ...

① One ~, the other ...: (둘 중) 하나는 ~, 다른 하나는 …

I have two cats. **One** is black, and **the other** is white.

② One ~, the others ...: 하나는 ~, 나머지 것[사람]들은 …

I have three dogs. **One** is big, and **the others** are small.

③ Some ~, others ...: 일부는 ~, 다른 일부는 …

Some say coffee is good for health; **others** say it's not good.

PRACTICE

괄호 안의 단어를 사용하여 다음 우리말을 영작하시오.

1 그 시험을 통과하는 것은 쉽지 않다. (it, pass, test) 광진중 2학년 최근 기출 응용

_____

고척중 2학년 최근 기출 응용
2 그는 노인들이 그 책들을 운반하는 것이 어렵다고 생각했다. (it, find, for the old men, to, carry)

_____

부명중 2학년 최근 기출 응용
3 방 안에 고양이 두 마리가 있다. 하나는 침대 위에, 다른 하나는 책상 아래에 있다. (there, under, on)

_____

4 그들은 항상 행복한 것 같다. (it, seem, always) 신화중 2학년 최근 기출 응용

_____

NOW REAL TEST ①

1 주어진 단어를 바르게 배열하여 완전한 문장으로 쓰시오. _{한천중 2학년 최근 기출 응용}

(fun, is, shop, it, a, traditional, market, to, at)

→ _____

성복중 2학년 최근 기출 응용

2 주어진 문장과 같은 의미가 되도록 빈칸을 채워 문장을 완성하시오. (주어진 빈칸의 수에 맞게 쓸 것)

People seem to expect to have a bright future.

= _____ _____ _____ people expect to have a bright future.

3 다음 기차 시간표를 보고, 주어진 질문에 알맞은 답을 쓰시오. _{상촌중 2학년 최근 기출 응용}

	Departure	Arrival
Seoul → Daejeon	9:00	10:30
Seoul → Ulsan	9:30	11:30

Q   How long does it take to go to Ulsan from Seoul?

A   _____

4 주어진 단어를 바르게 배열하여 다음 우리말을 영작하시오. _{소사중 2학년 최근 기출 응용}

우리 팀을 응원하는 것은 아주 흥미진진했다.

(team, it, our, to, cheer for, exciting, was, very)

→ _____

NEW WORDS

☐ **shop** (물건을) 사다 ☐ **traditional** 전통적인 ☐ **departure** 출발 ☐ **arrival** 도착 ☐ **cheer for** ~을 응원하다

5 주어진 단어를 모두 사용하여 다음 그림의 상황을 나타내는 문장을 영작하시오. _{영통중 2학년 최근 기출 응용}

(it, seem, sleepy)

→ _____

6 주어진 문장과 같은 뜻이 되도록 빈칸을 채워 문장을 완성하시오. _{석천중 2학년 최근 기출 응용}

They seem to have left the hotel early in the morning.

= _____ _____ _____ they _____ the hotel early in the morning.

7 대화가 자연스럽도록 〈보기〉의 단어를 바르게 배열하여 빈칸에 알맞은 문장을 쓰시오.

〈보기〉　difficult, master, a foreign language, a short time, is, it, to, in

Yuri　I'm interested in learning French.

Yuna　People want to learn foreign languages quickly. But you should know that everything takes time.

Yuri　I think so, too. _____

8 다음 중 어법상 어색한 문장은? _{노은중 2학년 최근 기출 응용}

① It was the most exciting game that I have ever played.

② It was a really nice day.

③ It seems that he has a lot of bread.

④ It is very hard for men to understand women.

⑤ It seems to being cold today.

9 두 문장이 같은 의미가 되도록 빈칸에 알맞은 말을 쓰시오. _{방이중 2학년 최근 기출 응용}

There are three books on the desk. One is blue, and two are green.

= There are three books on the desk. _____ is blue, and _____

_____ green.

10 다음 중 밑줄 친 It의 쓰임이 다른 하나는? _{번동중 2학년 최근 기출 응용}

① It was really hard to control the device correctly.

② It is disappointing that they got rid of the bike.

③ It was very nice of him to help them.

④ It was the most fantastic festival that I have ever taken part in.

⑤ It is difficult to solve the puzzle in 100 minutes.

NEW WORDS

☐ **control** 조절하다 ☐ **device** 장치 ☐ **correctly** 올바르게 ☐ **get rid of** ~을 없애다 ☐ **take part in** ~에 참여하다

NOW REAL TEST ❷

1   다음 글의 빈칸 ⓐ와 ⓑ에 알맞은 말을 쓰시오.

Deep in the forest, two rabbits were drinking water. ⓐ _____ was looking around carefully not to be eaten by a tiger, and ⓑ _____ _____ was just drinking water. Suddenly, a big tiger appeared. One of them couldn't run away.

2   다음은 학생들의 형제 관계를 조사한 표의 일부이다. 표를 참고하여 빈칸에 알맞은 말을 쓰시오.

이름	형제 관계 및 나이
재석	남동생 2 (12세, 10세)
명수	여동생 3 (1명: 중학생, 2명: 초등학생)

(1) Jaeseok has two brothers. _____ is 12 years old, and _____ is 10.

(2) Myeongsu has three sisters. _____ goes to middle school, and _____ go to elementary school.

3   다음 우리말을 두 가지 문장으로 영작할 때, 어법에 맞도록 빈칸을 채우시오.

그들은 너의 제안에 관심이 있는 것처럼 보인다.

(1) It seems _____ _____ _____ interested in your suggestion.

(2) _____ seem _____ interested in your suggestion.

NEW WORDS

☐ **suddenly** 갑자기   ☐ **run away** 도망치다   ☐ **suggestion** 제안

4 다음 각 문장에서 밑줄 친 It[it]의 용법을 〈보기〉에서 골라 적으시오.

> 〈보기〉　지시대명사　　가주어　　가목적어　　비인칭주어

(1) That car is very cheap. I like it. → _____

(2) It takes over two days from here to Daegu by bike. → _____

(3) It was very hard to break this stone. → _____

(4) She finds it rude to hang up without leaving a message. → _____

5 다음 우리말을 바르게 영작한 것을 모두 고르시오.

> YG는 그 콘서트를 연기한 것 같다.

① It seems that YG postponed the concert.

② YG seems to postpone the concert.

③ It seems to postpone the concert for YG.

④ YG seems to have postponed the concert.

⑤ It seems YG to postpone the concert.

NEW WORDS

☐ **rude** 무례한　☐ **hang up** 전화를 끊다　☐ **postpone** 연기하다

조동사, 빈도부사

1 조동사

① had better + 동사원형: ~하는 게 낫다

You **had better** stay here. 너는 여기 머무르는 것이 나아.

② had better not + 동사원형: ~하지 않는 게 낫다

Haeyeong **had better not** stop by her office.

해영은 그녀의 사무실에 들르지 않는 게 낫다.

③ don't have to (= don't need to = need not) + 동사원형: ~할 필요가 없다

*주어가 3인칭 단수일 때는 doesn't have to가 된다.

He **doesn't have to** take a taxi. 그는 택시를 탈 필요가 없다.

④ must be: ~임이 틀림없다

He **must be** a famous soccer player. 그는 유명한 축구선수임이 틀림없다.

⑤ can't be (= cannot be): ~일 리가 없다

She **can't be** a lawyer. 그녀는 변호사일 리가 없다.

2 빈도부사

She is never quiet.

① 종류: never(결코 ~ 않는), hardly (ever)/seldom/rarely/scarcely(거의 ~ 않는), sometimes(가끔), often(자주), usually(종종, 주로), always(항상)

② 위치: 일반동사 앞 또는 조동사/be동사 뒤

He **always** eats bread for breakfast. 그는 항상 아침으로 빵을 먹는다.

She is **never** quiet. 그녀는 조용한 적이 결코 없다.

PRACTICE

괄호 안의 단어를 사용하여 다음 우리말을 영작하시오. (필요하면 어형을 변화시킬 것)

1 너는 오늘 회의에 늦지 않는 것이 좋겠다. (today's meeting) _{세화여중 2학년 최근 기출 응용}

_____

2 너는 고기를 너무 자주 먹지 않는 게 좋겠다. (too often, meat) _{송산중 2학년 최근 기출 응용}

_____

저동중 2학년 최근 기출 응용

3 너는 그 꽃들에 너무 많은 물을 줄 필요가 없다. (water the flowers, have to, too much)

_____

4 그는 매우 창의적인 발명가임에 틀림없다. (must, creative, inventor) _{지도중 2학년 최근 기출 응용}

_____

NOW **REAL TEST** ❶

1 주어진 단어를 사용하여 다음 우리말을 영어로 옮길 때 빈칸에 알맞은 말을 쓰시오. _{양강중 2학년 최근 기출 응용}

날씨가 아주 좋아서 그녀는 우산을 가져갈 필요가 없다. (take)

→ The weather is very good, so she _____

an umbrella with her.

2 주어진 단어를 사용하여 다음 우리말을 영작할 때 앞에서 <u>세 번째</u>로 오는 단어는? _{상계중 2학년 최근 기출 응용}

그녀는 주말에는 항상 신이 나 있다. (excited, on, weekends, always, she, was)

① excited   ② on   ③ always

④ is   ⑤ weekends

3 다음 대화에서 B가 A에게 할 수 있는 조언을 주어진 단어를 사용하여 완성하시오.
(단, had를 반드시 사용할 것) _{서운중 2학년 최근 기출 응용}

A I have a math test tomorrow. It is very important.

B You _____ hard. (study)

4 다음 대화를 읽고, (A)에 주어진 단어를 바르게 배열하여 대화의 흐름에 맞는 문장을 완성하시오.
(다른 어휘를 첨가하지 말 것) _{잠실중 2학년 최근 기출 응용}

Minho   Look at this electricity bill, Key.

Key   That's a lot. What happened?

Minho   (A) (laptop computer, on, always, your, is)

→ _____

NEW WORDS

☐ **electricity** 전기   ☐ **bill** 고지서   ☐ **laptop computer** 노트북

5 다음 상황에서 '내'가 해야 할 일을 나타내는 영어 문장을 완성하시오. (단, 주어진 단어를 한 번씩 사용하고, 필요하면 단어를 추가할 것) 화수중 2학년 최근 기출 응용

(1) I am very sleepy. I didn't sleep at all last night.

→ I _____ tonight. (had, bed, early)

(2) I want to lose weight.

→ I _____ . (had, not, too much food)

6 다음 중 어법상 <u>틀린</u> 문장은? 호곡중 2학년 최근 기출 응용

① You need not go to school on Saturdays.
② He don't have to cook today.
③ My father never gets up early on Sundays.
④ I can always eat a lot of food at home.
⑤ She is often in her room in the evening.

대신중 2학년 최근 기출 응용

7 다음 글의 밑줄 친 우리말에 해당하는 표현을 어법에 맞게 쓰시오. (주어진 단어를 사용할 것)

I often make mistakes. Whenever I do that, my mom scolds me. But even though she has scolded me several times, I still make mistakes. So now my mom 거의 드물게 나를 꾸짖으신다. (rarely)

→ _____

NEW WORDS

□ **whenever** ~할 때마다   □ **scold** 꾸짖다   □ **several** 몇몇의

8 다음 대화를 읽고, 괄호 안의 표현을 사용하여 밑줄 친 (A)와 (B)를 영작하시오. _{학성중 2학년 최근 기출 응용}

> A   How do you go to work?
>
> B   (A) 저는 주로 걸어서 출근합니다. (on foot) There is no bus stop near my house.
>
> A   Really? (B) 당신은 더 이상 걸어서 출근할 필요가 없습니다. (anymore) I will pick you up.
>
> B   That's very kind of you. Thank you.

(A) _____

(B) _____

9 다음 중 어법상 <u>틀린</u> 문장을 <u>모두</u> <u>고르시오</u>. _{양동중 2학년 최근 기출 응용}

① You had not better play too many computer games.

② My uncle always can swim for over 30 minutes without stopping.

③ My brother seldom talk to me these days.

④ You don't have to save this file on your computer.

⑤ She must be happy because of the present.

_{포항여중 2학년 최근 기출 응용}

10 다음 표는 학생들이 요일별로 학교에 가는 방법을 나타낸 것이다. 표의 내용과 일치하지 <u>않는</u> 문장은?

	MON	TUE	WED	THU	FRI
Goeun	bike	bike	bike	bike	bike
Sodam	bus	bus	bike	bike	bike
Siyeong	taxi	taxi	bike	bike	bike

① Goeun always goes to school by bike.

② Sodam hardly ever goes to school by bike.

③ Siyeong often goes to school by bike.

④ Siyeong never goes to school by bus.

⑤ Sodam sometimes goes to school by bus.

1 다음 글에서 어법상 틀린 표현을 모두 찾아 바르게 고쳐 전체 내용을 다시 쓰시오.

> I always am happy because of my pet Zero. He wags often his tail. I don't have to feeding him because my mom feeds him.

→ _____

_____

2 다음 글을 읽고, 빈칸에 알맞은 말을 써서 Kevin에게 주는 조언을 완성하시오.

> Kevin really likes adventures. One day, he went to a witch's castle, and he ate some apples which were on the kitchen table. The witch found out about it. She made Kevin stay in prison. How can Kevin escape from the witch's castle? He has magical keys which can open the locked door.

→ You　　Kevin, you _____ _____ _____ your magical keys to escape from the witch's castle.

3 다음 글의 빈칸에 어법상 알맞은 말은?

> John likes flying kites in winter. Though it is cold outside, flying kites makes him happy. In addition, he sometimes _____ in winter. He likes winter very much.

① goes to a ski resort
② can fish in the lake
③ must cook food by himself
④ is babysitting his younger brother
⑤ should make a snowman

NEW WORDS

☐ **wag** (개가 꼬리를) 흔들다　☐ **tail** 꼬리　☐ **feed** 먹이를 주다　☐ **adventure** 모험　☐ **witch** 마녀　☐ **find out** 알아내다
☐ **prison** 감옥　☐ **escape** 탈출하다　☐ **magical** 마법의　☐ **lock** 잠그다　☐ **in addition** 게다가, 또한

[4-5] 다음 그림을 보고, 그림 속 인물이 생각하는 내용을 우리말에 맞게 영어로 쓰시오.

4

she = a spy

→ The woman _____ .

5

he ≠ a beggar

→ The man _____ .

NEW WORDS

☐ **beggar** 거지

• **시험에 잘 나오는 조동사 표현**

would like to + 동사원형: ~하고 싶다

I **would like to** watch a new movie.

나는 새로운 영화를 보고 싶다.

ought to + 동사원형: ~해야 한다

They **ought to** build a new building.

그들은 새 건물을 지어야 한다.

used to + 동사원형: ~하곤 했었다(과거의 규칙적 습관)

When I was young, I **used to** get up at 7 a.m.

나는 어렸을 때 아침 7시에 일어나곤 했었다.

would + 동사원형: ~하곤 했었다(과거의 불규칙적 습관)

He **would** often stay under the big tree.

그는 자주 큰 나무 아래 머물곤 했었다.

should have p.p. : ~했어야 했다(유감 표시)

I failed the test. I **should have studied** harder.

나는 그 시험에 떨어졌다. 더 열심히 공부했어야 했다.

must have p.p. : ~했었음이 틀림없다

She **must have lost** weight.

그녀는 살을 뺐음이 틀림없다.

확인 문제

1 다음 빈칸에 공통으로 들어갈 알맞은 말을 쓰시오.

> • Michael _____ take trips when he was sad.
>
> • I _____ like to pass this exam.

2 다음 문장과 같은 의미가 되도록 빈칸에 알맞은 말을 쓰시오.

> She had to prepare for her lecture, but she didn't do that.

→ She _____ _____ _____ for her lecture.